Europa 1993:
Supermarkt oder Sozialraum?

20. INTERNATIONALE TAGUNG DER SOZIALAKADEMIE DORTMUND

Europa 1993:
Supermarkt oder Sozialraum?

Herausgegeben von

Prof. Dr. Wolfgang Böhm

Duncker & Humblot · Berlin

Die Veröffentlichung wurde gefördert durch

Hoesch AG, Dortmund
Stadtsparkasse Dortmund
Vereinigte Elektrizitätswerke AG (VEW), Dortmund

Die Deutsche Bibliothek – CIP-Einheitsaufnahme

Europa 1993: Supermarkt oder Sozialraum? / hrsg. von Wolfgang Böhm. – Berlin : Duncker und Humblot, 1992
(... Internationale Tagung der Sozialakademie Dortmund ; 20)
ISBN 3-428-07318-5
NE: Böhm, Wolfgang [Hrsg.]; Sozialakademie ⟨Dortmund⟩: ... Internationale Tagung ...

Fremddatenübernahme: Hagedornsatz, Berlin 46
Druck: Berliner Buchdruckerei Union GmbH, Berlin 61
Printed in Germany

ISSN 0417-9978
ISBN 3-428-07318-5

Vorwort

Nicht wenige unserer europäischen Nachbarn argwöhnen, daß die einst so europabegeisterten Deutschen nur noch mit ihrer Einigung beschäftigt sind. Da mag ein Tagungsband, der den Blick auf den gemeinsamen Binnenmarkt 1993 und den noch zu schaffenden Sozialraum richtet, wenig zeitgemäß erscheinen. Macht aber nicht auch die umgekehrte These Sinn, vielleicht sogar noch mehr Sinn: Daß nämlich der deutschen Einigung auf Dauer Erfolg in Harmonie mit unseren europäischen Nachbarvölkern nur beschieden sein wird, wenn sie eingebunden ist in die europäische Einigung? Mögen die Deutschen in den nächsten Jahren beschäftigt sein mit ihrer Einigung — die nächsten Jahrzehnte stehen im Zeichen der Einigung Europas. Und dieses Europa beginnt heute schon am Atlantik und wird nicht an der Oder enden.

Die Europäische Gemeinschaft ist — die vorliegenden und angekündigten Beitrittsgesuche beweisen es — vitaler und attraktiver denn je. Sie agiert als Völkerrechtssubjekt mit einer Dynamik, die keine Freihandelszone und kein europäischer Wirtschaftsraum erreichen können. Die Europäische Gemeinschaft hat neben funktionierenden Institutionen wie Ministerrat und Kommission ein nachhaltig aufgewertetes Parlament. Die viel bespöttelten „Eurokraten" arbeiten emsig am Netzwerk normativer Regelungen für einen Markt von über 300 Millionen Verbrauchern. Die Diskussion um Arbeitsbedingungen und Standortvor- bzw. nachteile ist voll entbrannt. Die Kette von Firmenübernahmen und „Elefantenhochzeiten" multinationaler Konzerne reißt nicht ab. Selbst mittelständische Unternehmen setzen nach wie vor auf Produktionsstätten im europäischen Ausland. Angesichts dessen harrt die immer noch unbeantwortete Frage nach dem „Sozialraum Europa" mit jedem Tage dringlicher auf ihre Beantwortung. Diesem Thema hat die Sozialakademie Dortmund eine dreitägige Internationale Tagung gewidmet, die hiermit dokumentiert wird. Möge sie die Verantwortlichen daran erinnern, daß das zu bauende Europa nicht allein dem Handel und der Wirtschaft, sondern vor allen Dingen den Menschen zu dienen hat.

Die Sozialakademie Dortmund dankt dem Europahaus Marienberg, der Hans-Böckler-Stiftung, der Kommission der Europäischen Gemeinschaften und nicht zuletzt dem Ministerium für Wissenschaft und Forschung des Landes Nordrhein-Westfalen, ohne deren finanzielle und organisatorische Hilfe diese Tagung so nicht hätte durchgeführt werden können. Ein ganz besonderer Dank gilt allen Mitarbeiterinnen und Mitarbeitern der Sozialakademie Dortmund sowie der Alfred-Gundlach-Stiftung, die mit großem Engagement annähernd 150 Gäste aus dem In- und Ausland drei Tage lang betreut und versorgt haben.

Dortmund, im Dezember 1991

Wolfgang Böhm

Inhaltsverzeichnis

Grußwort

Von Willi Spaenhoff, Dortmund

„Europa 1993“ beschäftigt viele Kreise unserer Gesellschaft, wobei die Reaktionen in den einzelnen Mitgliedsländern sehr unterschiedlich sind. In einigen wirbt man mehr massiv für die Vorteile, die mit der Liberalisierung der Märkte verbunden sind — z. B. in Frankreich. In anderen, wie beispielsweise in der Bundesrepublik, scheint man noch recht behutsam, vielleicht sogar ein wenig zögerlich, an dieses Thema heranzutreten. Eines ist klar, der europäische Binnenmarkt kommt! Und wer sich nicht rechtzeitig mit seinen Möglichkeiten und Folgen befaßt, läuft Gefahr, ins Hintertreffen zu geraten und die Chancen zu verpassen.

Man kann hoffen, daß dies in Dortmund nicht der Fall sein wird. Das Ruhrgebiet und damit auch Dortmund sind europäisches Kernland, von der geographischen Lage her, von der Wirtschaftskraft und der Struktur seiner Unternehmen. Trotz aller Schwierigkeiten, die man hier zu überwinden hat, ist diese Region noch immer das größte Industriegebiet innerhalb der europäischen Gemeinschaft und es wird alles getan, um diese Position zu erhalten und auszubauen. Nimmt man z. B. Dortmunds Paradepferd der wirtschaftlichen Umstrukturierung: die neuen Unternehmen der Hochschultechnologie. Ihre Strategie läßt sich in dem Satz zusammenfassen: Neue Produkte für neue Märkte. Dort sind die Chancen des Binnenmarktes längst Teil des Unternehmenskonzeptes geworden. Außerdem bemüht man sich derzeit darum, die bereits gute Anbindung Dortmunds an das internationale und nationale Verkehrssystem noch zu verbessern. Eine stark exportorientierte Wirtschaft wie die in Dortmund braucht die schnellen Verbindungen zu ihren Kunden und Zulieferern. Marktchancen werden nicht allein von der Qualität der Produkte bestimmt, sondern auch von den Serviceleistungen. Darum ist ja gerade der Flughafen Dortmund so wichtig, aber auch die rasche Verbindung mit anderen Transportmitteln.

Standortbedingungen sind heute nicht mehr allein unter nationalen Gesichtspunkten zu bemessen; hier spielen europäische Aspekte eine ausschlaggebende Rolle. Wie stark die Dortmunder Wirtschaft im Auslandsgeschäft tätig ist, zeigt die von der Industrie- und Handelskammer genannte Exportquote von ca. 30%.

Die wirtschaftliche Umstrukturierung in Dortmund ist bereits, wie aus dem nachfolgenden Zitat des kürzlich veröffentlichten Gutachtens der Experten-Kommission Montanregion (Mikat-Gutachten) ersichtlich ist, weit vorangeschritten:

„Dortmund hat — wie kaum eine andere Stadt in Nordrhein-Westfalen — eine neue moderne Infrastruktur aufgebaut, die die Voraussetzungen schafft für moderne Produktionen und Dienstleistungen. Nach dem Eindruck der Kommission gewinnen die eingeleiteten Entwicklungen zunehmend eine sich selbst tragende Dynamik. Es geht für die Stadt und ihre Region deshalb weniger um neue Entwicklungsimpulse von außen als vielmehr um die Verstärkung vorhandener Ansätze, die die Sicherung von Handlungsspielraum sind."

Nach dem, was das Gutachten dieser Stadt attestiert, kann der Binnenmarkt von 12 Ländern und 320 Mio. Verbrauchern nur als eine große Chance verstanden werden, die rechtzeitig genutzt werden muß.

Selbstverständlich darf der europäische Binnenmarkt nicht nur unter wirtschaftlichen Aspekten betrachtet werden. Eine besonders wichtige Aufgabe aller ist es, die sozialen Grundrechte, die noch nicht einheitlich in vollem Maße in der gesamten Europäischen Gemeinschaft gewährleistet sind, zu sichern. Dieser Aspekt wird sicherlich im Vordergrund der Tagung stehen.

Grußwort

Von Ilse Brusis, Düsseldorf

Obwohl das Thema Europa und EG-Binnenmarkt von den hinteren Seiten des Wirtschaftsteils der Zeitungen stärker in die Schlagzeilen gerückt ist und konkrete Konturen dessen, was auf uns zukommt, auch ein bißchen deutlicher geworden sind, trotz allem herrscht bei vielen Mitbürgern und Mitbürgerinnen, auch bei Arbeitnehmern und Arbeitnehmerinnen, ein deutliches Informationsdefizit. Viele Menschen haben eher Ängste, als daß sie aufgrund gesicherter Informationen und fundierter Einschätzungen sich ihre eigene Meinung bilden. Man fürchtet, daß der eigene soziale Standard bedroht ist, ohne sich genau über die sozialen Sicherungssysteme in anderen EG-Ländern zu informieren, und zum Teil fürchtet auch überholter Provinzialismus, die Deutschen könnten zum Zahlmeister des neuen Europa werden. Ja, sogar blinder Nationalismus setzt die falsche Alternative: Zuerst wir, dann Europa! Unbekannt sind zum Teil auch die Funktionsweisen der europäischen Institutionen. Auch über die mühsam errungenen und natürlich noch völlig unzureichenden Rechte und Möglichkeiten des europäischen Parlaments, über die höchst komplexen ökonomischen, monetären, juristischen, sozialen und politischen Strukturen, die regionalen und nationalen Eigenheiten, aus denen sich das neue Europa formen soll, haben nur die wenigsten ausreichende Kenntnis. Und doch wirkt Europa bereits heute unmittelbar und direkt auf lokale, regionale und nationale Politik.

Ich will nur einige Stichworte nennen: Die Quotierung der Stahlproduktion, die Bedrohung des Jahrhundertvertrages zur Sicherung des Steinkohlenbergbaus durch vorgebliche europäische Subvenstionsverbote. Ganz zu schweigen von der Regulierung des Agrarmarktes, der zunehmenden Europäisierung industrieller Normen und den seit langem europaweit agierenden Unternehmen und Konzernen. Gewerkschaften sind — mehr denn je — gefordert, ihrem betrieblichen, regionalen und nationalen Handeln eine europäische Dimension hinzuzufügen. Die europäische Dimension gewerkschaftlicher Politik verlangt einerseits einen qualifizierten und effektiven Lobbyismus bei den europäischen Institutionen, die bereits bestehen. Wir werden in den kommenden Jahren eine erhebliche Anzahl entsprechend qualifizierter Kollegen und Kolleginnen benötigen, die in der Lage sind, in dem zunehmenden Geflecht nationaler und europäischer Bürokratien und Institutionen gewerkschaftliche Standpunkte zum Tragen zu bringen. Unsere Beziehungen zu den Mitgliedsverbänden des Europäischen Gewerkschaftsbundes müssen vertieft und auf nationaler, regionaler, lokaler, betrieblicher und auf Branchenebene fundiert werden. Auch dafür bedürfen wir einer großen Anzahl fachlich und sprachlich qualifizierter

Kollegen und Kolleginnen. Die europäische Dimension gewerkschaftlichen Handelns muß aber darüber hinausgehen. Sie umfaßt Einschätzungen und Bewertungen europäischer Strategien der Arbeitgeberseite ebenso wie die engen Zusammenhänge zwischen der Vollendung des EG-Binnenmarktes, lokaler und regionaler Strukturveränderungen. Sie muß auf die Europäisierung juristischer und sozialer Normen angemessen reagieren und vor allem — und nicht zuletzt — die Arbeitnehmer und Arbeitnehmerinnen müssen zu aktiven Trägern einer Demokratisierung der künftigen europäischen Gesellschaft werden.

Diese hier jetzt nur kurz skizzierten Anforderungen an ein adäquates gewerkschaftliches Handeln, Fragen, die ja in den Diskussionen im Rahmen der 20. Internationalen Tagung eine Rolle spielen werden, stellen andere und neue Anforderungen an die Arbeitnehmerbildung. Sie darf das Thema Europa nicht, wie bisher, bloß additiv dem nationalen Fächerkanon hinzufügen. Europa darf nicht länger das Steckenpferd sachkundiger und interessierter Spezialisten sein. Wir müssen lernen, europäisch zu denken und das schließt das Wissen und die Bewertung des fortschreitenden Prozesses der europäischen Einigung ebenso ein wie die Aufnahme und bewußte Bejahung der lokalen, regionalen und nationalen Eigenheiten. Wir stehen nicht nur vor der Vollendung des EG-Binnenmarktes, der den freien Austausch von Waren, Dienstleistungen, Kapital und Personen garantieren soll, sondern wir wachsen in eine multikulturelle europäische Gesellschaft hinein, und die wollen wir sozial und human mitgestalten.

Ich freue mich deshalb, daß die Sozialakademie sich zur 20. Internationalen Tagung das Thema „Europa" vorgenommen hat und ich hoffe, daß sie uns im Hinblick auf dieses von mir formulierte Ziel ein Stück des Weges weiterbringt.

I. Einleitung

Perspektiven und Ziele einer europäischen Zusammenarbeit

Eröffnungsansprache

Von Anke Brunn, Düsseldorf

1. Zwischenbilanz

Als vor über 40 Jahren das Grundgesetz für die Bundesrepublik Deutschland beschlossen wurde, war das vereinte Europa, das in der Präambel erwähnt wird und dem sich die junge Republik verpflichtet fühlte, angesichts des Scherbenhaufens, den das Nazi-Regime hinterlassen hatte, noch eine Vision. Mittlerweile hat Europa Gestalt angenommen und schickt sich an, mit der Schaffung des Binnenmarktes einen großen Schritt zur Realisierung der Europäischen Einigung zu tun.

Diese Entwicklung ist ein großer Erfolg, auch wenn noch für viele Einzelfragen Lösungen gefunden und Verhandlungen geführt werden müssen. Trotz der zahlreichen Irritationen der letzten Wochen und Tage wird der Wille der nationalen Regierungen der „Zwölf" zur Einheit stark genug sein, um die letzten Hindernisse auf dem Weg zum vereinten Europa zu überwinden.

Europa in diesem Sinne wird aber nur gelingen, wenn der politische Wille zur Einigung von einer breiten Mehrheit der Bevölkerung in allen europäischen Ländern mitgetragen wird. Weder Verfassungspräambeln noch Sonntagsreden vermögen den Europagedanken nachhhaltig in das Bewußtsein der Menschen einzugraben. Und die negativen Schlagzeilen über die horrenden Kosten für die Produktion, Lagerung und schließlich Vernichtung der Agrar-Überschüsse oder die kleinlichen Streitigkeiten über EG-Richtlinien zur Herstellung von Bier oder Nudeln bewirken eher eine kritische Einstellung der Wähler zu Europa. Allerdings scheint das Desinteresse an Europa in der Bundesrepublik größer zu sein als in den anderen Ländern der Gemeinschaft.

Nach meinem Eindruck ist es in der Bundesrepublik bisher noch nicht gelungen, die Bürgerinnen und Bürger von der Notwendigkeit einer koordinierten europäischen Wirtschafts- und Währungspolitik, einer Arbeits- und Agrarmarktpolitik sowie einer Technologie- und Umweltpolitik zu überzeugen. Daß es zweckmäßig ist, eine europäische Sicherheits- und Außenpolitik zu betreiben, leuchtet gerade noch ein. Unsere Starrköpfigkeit beim jüngsten NATO-Gipfel ist sicher auf breite Zustimmung in der Bevölkerung gestoßen. Darüber hinaus ist aber Skepsis weit verbreitet, zumal die Meinung vorherrscht, die Bundesrepublik Deutschland sei der Zahlmeister Europas, auf dessen Kosten eine gewaltige, kaum noch steuerbare Bürokratie in Brüssel lebt und die nationalen Interessen vornehmlich der weniger zahlungskräftigen Gemeinschaftsmitglieder durchzusetzen versucht. Ein recht überhebliches Vorurteil!

Auch der gemeinsame Binnenmarkt stößt auf Vorbehalte, weil man hierzulande glaubt, dieser bringe nur den anderen Vorteile und führe dazu, daß der hohe soziale Standard in der Bundesrepublik Deutschland und die weltweit sicher am besten ausgestalteten Arbeitnehmerechte auf ein europäisches Mittelmaß nivelliert würden.

2. Gründe für ein europäisches Engagement

Was aber könnte uns Veranlassung geben, uns dennoch für ein vereintes Europa zu engagieren, eine Menge Geld einzubringen und zunehmend auf souveräne Rechte zu verzichten? Ich will ein paar gute Gründe für unser europäisches Engagement nennen.

— Internationale Kapitalkonzentration und Wirtschaftsverflechtung sind durch eine nationalstaatliche Wirtschaftspolitik nicht mehr zu beeinflussen. Internationale ökonomische Krisen können mit einer europäischen Wirtschaftspolitik wirksamer bekämpft werden, als die Nationalstaaten je dazu in der Lage wären. Auch die Massenarbeitslosigkeit, eines der größten Probleme der EG, könnte europäisch besser gelöst werden. Nach dem Ergebnis einer EG-Studie würden z. B. durch den Abbau bestehender Grenzhemmnisse mindestens 2 Mio. neue Arbeitsplätze gewonnen. Das setzt Wirtschaftswachstum voraus.

  Die Wachstumsfrage muß allerdings mit Vorsicht betrachtet werden, denn längst nicht jedes Wachstum ist sozial und ökologisch wünschenswert. Qualitatives Wachstum und eine Offensive für mehr Beschäftigung sind wichtige Wegmarkierungen für ein soziales Europa. Auch die Schaffung des Europäischen Währungssystems (EWS) im Jahre 1979, das eine gemeinsame Währung anstrebt, hat sich zur Stärkung der europäischen Wirtschaft unter folgenden Zielsetzungen als notwendig und hilfreich erwiesen: Nach innen soll sie der Geldwertstabilität dienen und die Konvergenz der wirtschaftlichen Entwicklung fördern, nach außen durch eine gemeinsame Dollarpolitik Wechselkursschwankungen abfangen und eine eigenständige europäische Wirtschaftspolitik sichern. Die bisherigen Erfolge des EWS sind trotz mancher Kritik und bestehender Unzulänglichkeiten überzeugend: Z. B. betrug die Inflationsrate aller Mitglieder der EG zwischen 1974 und 1980 durchschnittlich 12%. Gegenwärtig liegt sie bei 3%.

— Der z. Zt. wohl am weitestgehend „europäisierte" Agrarmarkt ist ein wichtiger, wenn auch nicht zufriedenstellend geregelter Teilbereich der EG. Die stärker agrarisch orientierten Südländer tragen mit ihrem Landwirtschaftspotential nicht unwesentlich zum Wohlbefinden und Wohlstand der europäischen Bürger bei. Die Kehrseite der EG ist die Überschußproduktion von Agrarerzeugnissen.

Es liegt auf der Hand, daß für die europäische Agrarpolitik neue Konzepte entwickelt werden müssen. Die Überschußproduktion muß weiter eingegrenzt werden, die Industrialisierung der Landwirtschaft darf nicht durch übertriebene Abnahmegarantien ins ökologisch Unverträgliche getrieben werden.

— Die technische Entwicklung gilt als Schlüssel für die wirtschaftliche Entwicklung der Industrieländer. Wirtschaftswachstum ist für rohstoffarme Länder, zu denen Europa zu zählen ist, nur durch technische Innovationen erreichbar. Daher muß Europa alle Anstrengungen unternehmen und seine Kräfte konzentrieren, um den technologischen Vorsprung der Amerikaner und Japaner etwa in der Mikroelektronik aufzuholen. Forschungs- und Entwicklungsvorhaben sind aufeinander abzustimmen oder in Gemeinschaftsarbeit durchzuführen. Ein Land allein ist kaum noch in der Lage, die erforderlichen finanziellen Investitionen und das wissenschaftliche Potential bereitzustellen.

Erfreulicherweise hat sich eine technologische Aufbruchstimmung in Europa bemerkbar gemacht. Wir müssen aber große Aufmerksamkeit darauf legen, daß die EG-Forschungsprogramme nicht zu einseitig sind. Sie dürfen nicht unter dem Motto stehen „Europa des Wirtschaftswachstums". Auch Forschung und Entwicklung müssen auf ein „EUROPA der Bürger" hinzielen. Das aber erreicht man nicht durch eine übertriebene Industrieorientierung der Forschungsprogramme. Grundlagenforschung und Sozialverträglichkeitsstudien müssen gleichermaßen von der EG mitfinanziert werden.

Die Bedeutung nationalstaatlicher Regierungen wird im geeeinten Europa abnehmen. Das „Europa der Regionen" ist nicht mehr entfernte Vision, sondern in greifbare Nähe gerückt. In einem Europa der Regionen hat Nordrhein-Westfalen ausgezeichnete Karten. Die Infrastruktur an Wissenschaft und Forschung ist hierbei bei uns bestens ausgebaut. NRW mit seiner dichten Hochschullandschaft hat zahlreiche Pluspunkte. Auch geographisch und wirtschaftlich gesehen hat Nordrhein-Westfalen große Standortvorteile. Befürchtungen, NRW ginge in Europa unter, sind absolut unbegründet und zeugen von Unkenntnis. Im Gegenteil — an der Region NRW kommt in Europa niemand vorbei.

— Die Zerstörung der Umwelt ist grenzüberschreitend. Nationale Versuche, Umweltprobleme zu lösen, reichen nicht mehr aus, um das gestörte Gleichgewicht des Ökosystems wieder herzustellen. Die prognostizierten Folgen des „Ozonlochs" könnnen sogar nur durch weltweites Handeln vermieden oder wenigstens gemildert werden. Die Schadstoffbeseitigung ist ohne internationale Zusammenarbeit nicht mehr sicherzustellen. Wie schön wäre es, wenn wir bald sagen könnten: „Mülltourismus" ist eine lächerliche Episode unverantwortlichen nationalstaatlichen Denkens, das der Vergangenheit angehören sollte.

— Europa braucht eine Sozialcharta. Der freie Fluß der Waren, der den Unternehmen zusätzliches Wachstum bringen kann, hat auch eine soziale Komponente. Das „Europa der Arbeitnehmer" muß stärker als bisher in den Vordergrund gerückt werden. Gerade die Bundesrepublik Deutschland mit ihrem von der Arbeiterbewegung erkämpften hohen sozialen Standard hat hier Fundamentales zu verteidigen. Zur Zeit nun blockiert England die Arbeiten an einer europäischen Sozialcharta. Frau Thatcher lehnt die Absicherung von Arbeitnehmerrechten ab, ein harter Streit steht bevor. Wenn der Binnenmarkt sich nicht gegen die Arbeitnehmer richten soll, muß er die Verwirklichung sozialer Mindeststandards im Programm haben. Alle EG-Partner müssen ihre Arbeitnehmerrechte auf ein Mindestniveau anheben. Die Länder mit höheren Standards dürfen nicht nach unten nivellieren, sondern die Meßlatte halten und höher setzen, sollten Zugpferd der sozialen Gerechtigkeit für die anderen werden.

Soziale Schutzrechte, das sind für uns z. B.: der Anspruch der Arbeitnehmer auf Schutz durch Sozialgesetze und Tarifverträge. Geschützt werden müssen die Gewerkschafts- und Koalitionsfreiheit. Der Mindesturlaub muß garantiert werden. Einen gesicherten Kündigungsschutz wollen wir auch im Rahmen der EG verwirklicht sehen.

— Zur Sicherung der gemeinsamen Interessen in den Bereichen der Wirtschafts-, der Industrie- und Agrarpolitik, des Umweltschutzes und der technologischen Entwicklung ist eine gemeinsame Außenpolitik selbstverständliche Voraussetzung. Hinzu kommt, daß die Grenze der Interessenssphären der beiden Großmächte mitten durch Europa verläuft und die Gefahr besteht, daß Konflikte zwischen den Machtblöcken zu Lasten der Europäer entschieden werden. Mit der Eigenständigkeit Europas wächst zwangsläufig auch der Bedarf für gemeinsames sicherheitspolitisches Handeln über den Rahmen der NATO hinaus.

— Und was lassen wir uns die europäische Zusammenarbeit kosten? Der EG-Haushalt sah 1988 Ausgaben in Höhe von 43,4 Mrd. ECU oder knapp 90 Mrd. DM vor, das sind 1,2% des Bruttosozialproduktes der Mitgliedstaaten. Die Staatsquote liegt bei uns bei 40 bis 50% des Bruttosozialproduktes. Der Beitrag des Bundesrepublik Deutschland betrug 1988 rund 20 Mrd. ECU oder 41,5 Mrd. DM. Dieser Betrag entspricht einem Anteil von 46% vom Gesamthaushalt der EG. Die Bundesrepublik hat allerdings Rückflüsse in Höhe von 10 Mrd. ECU erhalten.

Anschaulicher wird die Darstellung der Belastung durch die Mitgliedschaft in der EG bei folgendem Bild: Von 100,— DM Steuern, die die Bürgerinnen und Bürger der Bundesrepublik Deutschland zusammen an Bund, Land, EG und Gemeinde entrichtet haben, sind 2,— DM an die Gemeinschaft abgeführt worden. Dieser Beitrag wird sich auch nach Verwirklichung des Binnenmarktes nicht wesentlich erhöhen.

Mit dieser Aufzählung habe ich nur die wichtigsten Bereiche und Bedingungen der europäischen Zusammenarbeit genannt. Ich denke, es gibt gute Gründe für ein gedeihliches Zusammenwachsen der europäischen Länder. Nicht alle Felder gehörten bereits seit ihrer Gründung zum Aufgabenkatalog der Europäischen Wirtschaftsgemeinschaft (EWG). Erst mit der Verabschiedung der Einheitlichen Europäischen Akte am 26. Februar 1986 sind die Bereiche Forschung, Technologie und Umwelt hinzugekommen. Sie spielen mittlerweile eine zentrale Rolle für die wirtschaftliche Entwicklung der Gemeinschaften.

3. Kulturelle, soziale und demokratische Dimensionen der europäischen Einigung

Europa ist mehr als eine sachbezogene Zusammenarbeit auf bestimmten Gebieten. Zwar steht immer noch das Ziel der Verschmelzung der zwölf EG-Mitgliedstaaten zu einem einheitlichen Wirtschafts- und Währungsraum im Vordergrund. Doch die Erkenntnis wächst, daß die bundesstaatlich zu organisierende Europäische Union, die uns als Ziel der Europapolitik vorschwebt, ohne kulturelle, soziale und demokratische Dimensionen ein technokratisches Gebilde bleibt. Das „Gemeinsame Haus Europa“ wird nur gelingen, wenn die EG auf die Lebensfragen der 320 Mio. Bürgerinnen und Bürger nach sozialer und militärischer Sicherheit, nach Wohlstand, Gesundheit, Gerechtigkeit und Umweltschutz Antworten gibt. Zugleich müssen Freiräume für eigenständige regionale Entwicklungen im Bereich der Kultur offen gehalten werden.

Bereits vor der Einführung des Binnenmarktes werden sich Veränderungen einstellen, werden Diskussionen ausgelöst

— über die Stärkung der demokratischen Entscheidungsstrukturen, die m. E. dringend erforderlich ist, je mehr nationale Souveränitätsrechte aufgegeben werden, und

— über die Notwendigkeit einer Sozial- und Kulturpolitik der Gemeinschaften, welche die kulturelle Vielfalt und die primäre Verantwortlichkeit der Mitgliedstaaten für Bildung und Kultur unberührt läßt.

Europa bedeutet nicht nur Produktion von Agrarüberschüssen. Europa, das sind nicht nur langwierige Nachtsitzungen, nicht nur die Ereignisse, die in der Regel im Blickpunkt des Medieninteresses stehen. Wenig Aufmerksamkeit wird der europäischen Forschungs-, Bildungs- und Kulturpolitik gewidmet. Ich finde das bedauerlich. Dieses Feld ist für die Zukunft von großer Bedeutung, und ich möchte kurz einige Gedanken dazu vorstellen.

Die europäische Gemeinschaft hat keine generelle Regelungskompetenz für die Bereiche Forschung, Bildung und Kultur. Nun sind wir alle aus guten Gründen Verfechter eines Föderalismus. Wir haben damit gute Erfahrungen gemacht und möchten dieses Prinzip der relativen kulturellen Autonomie in einem künftigen Europa nicht aufgeben. Ein Verzicht der Länder auf ihre grundgesetzlich verankerte Kulturhoheit kommt also nicht in Frage. Zugleich müssen wir uns aber fragen, wie es zu einem Austausch, zu einem Zusammenwachsen der europäischen Länder auf kulturellem und sozialem Gebiet kommen kann. Die Kommission in Brüssel wird dabei nicht wie in anderen Bereichen reglementieren, sondern koordinieren, anregen und fördern können. Sie hat damit ja bereits begonnen.

4. Perspektiven für Wissenschaft und Forschung

Ich kann für den Bereich von Wissenschaft und Forschung einige Beispiele nennen, die auf eine künftige gute Zusammenarbeit der europäischen Länder schließen lassen.

— Ein leidiges Thema innerhalb der Gemeinschaft ist die gegenseitige Anerkennung von Hochschuldiplomen. In den Ländern gibt es sehr unterschiedliche und nicht immer vergleichbare Ausbildungen an Fachhochschulen und Universitäten. Die künftige Freizügigkeit der Arbeitnehmer und Arbeitnehmerinnen hat in den langen und zähen Verhandlungen ihre Schatten vorausgeworfen. Wir waren deshalb alle sehr froh, daß auf unsere Initiative hin Ende 1988 der Rat eine besonders wichtige Richtlinie erlassen hat. Sie betrifft die Anerkennung von Hochschuldiplomen, die eine mindestens dreijährige Ausbildung abschließen.

Die Richtlinie ist für mich ein schönes Beispiel, wie es auch ohne großen bürokratischen Aufwand, ohne prestigegesteuerte Abgrenzung und gegenseitiges Mißtrauen zu vernünftigen Regelungen kommen kann. Man ist sich in dieser Frage darüber einig geworden, daß alle in den europäischen Ländern angebotenen grundständigen Studiengänge mit dreijähriger Studiendauer anerkannt werden. Hier hat man gegenseitiges Vertrauen walten lassen und ist zu Recht der Aufffassung, daß jedes Bildungssystem dem anderen gleichwertig ist. Damit ist das lästige „erkennst du meine deutschen Ingenieure an, nehme ich deine italienischen Lehrer in Kauf" vom Tisch. Das gegenseitige Vertrauen, diese Großzügigkeit und Eleganz wünsche ich mir auch bei vielen anderen Abkommen.

— Im Bereich von Forschung und technologischer Entwicklung ist die EG in den letzten Jahren kräftig in Schwung gekommen. Der Ministerrat hat 1987 ein gemeinschaftliches Rahmenprogramm für diesen Bereich entwickelt. Eine Vielzahl von Programmen, die zu ¾ schon zum Jahresende 1988 verabschiedet waren, bieten eine interessante und lukrative Ausgestaltung wichtiger forschungspolitischer Aktionsbereiche. Ich will Ihnen im Folgenden nur die Namen der Programme nennen, an denen unsere Hochschulen schon kräftig partizipieren. Es sind dies: ESPRIT I und II, RACE, DRIVE, DELTA, COMMETT, SPRINT, SCIENCE, BRITE und EURAM II.

5. Grenzüberschreitende Zusammenarbeit der Hochschulen

Wir sind kräftig dabei, vor Ort und auch auf zentralen Tagungen unseren Wissenschaftlern den Weg zu den europäischen Geldtöpfen zu zeigen und ihnen die Steine aus dem Weg zu räumen. Interessant an diesen Programmen ist natürlich nicht nur das Geld, sondern dies sind vor allem auch die grenzüberschreitenden Möglichkeiten des wissenschaftlichen Austausches.

Wenn ich vorhin darauf verwiesen habe, daß sich das Kapital schon lange nicht mehr nur in den nationalstaatlichen Grenzen bewegt, so gilt das auch seit längerem für Wissenschaft und Forschung. Hausbackenheit und Provinzialität sind das letzte, was wir in diesem Feld gebrauchen können. Viele unserer Hochschullehrer wissen das seit langem, denken und arbeiten international. Schön, wenn diese Aktivitäten durch europäische Programme noch besser institutionalisiert und gefördert werden könnten. Die Geldverteilung entwickelt sich allmählich, und auch NRW-Forscher profitieren davon. Aber: Die Einflußnahme auf die Programmentwicklung ist noch zu schwach.

Was würde aus einem Europa von Wissenschaft und Forschung, wenn nicht die Studierenden davon profitieren könnten? Ich finde: Mindestens jeder 10. Studierende sollte Auslandserfahrungen sammeln können. Wichtigstes Programm für eine Partizipation dieser Gruppe von Hochschulangehörigen am europäischen Gedanken ist die „Förderung der Mobilität von Hochschulstudenten" ERASMUS. Die räumliche Entfernung zwischen europäischen Hochschulen ist äußert gering — denkt man etwa an nordamerikanische Verhältnisse. Und doch zeichnen sich unsere Studierenden durch eine bemerkenswerte Bodenhaftung aus. Viel zu wenige Studierende wechseln im Laufe ihres Studiums auch einmal den Hochschulort, noch viel weniger trauen sich auch zu, in ein anderes europäisches Land zu gehen.

ERASMUS soll Mut machen und die Neugier auf Europa auch finanziell interessant gestalten. In diesen Zusammenhang gehören auch die internationalen Studiengänge, die wir in NRW bereits an mehreren Hochschulen entwickelt haben. Im Rahmen dieser Studiengänge können die Studenten Studium und Leben in einem anderen Mitgliedstaat unmittelbar persönlich kennenlernen.

- An der RWTH Aachen kann der Studiengang „International Management Studies" belegt werden. Kooperation und Austausch mit den Universitäten Maastricht und Lüttich sorgen für interessante Praxiserfahrungen im Ausland.
- Die Universität — Gesamthochschule — Paderborn bietet den Studiengang „European Business" in Kooperation mit der Universität Nottingham an.
- An den Fachhochschulen Aachen, Bielefeld, Dortmund, Düsseldorf und Münster werden wirtschaftswissenschaftliche Studiengänge angeboten, die Auslandsaufenthalte mit einschließen.
- An der Kölner Fachhochschule können „angewandte Sprachen" studiert werden. Kooperiert wird mit London.

Hinter dem ERASMUS-Programm steht die Hoffnung, daß ein Studienaufenthalt in einem anderen europäischen Land auch Lust macht darauf, seine künftigen Arbeitsplätze nicht nur im engen Bereich der eigenen Region zu suchen. Der Aktionsradius des künftigen Europäers sollte schon etwas größer sein als 25 km.

6. Politische Implikation des „vereinten Europa"

Ich habe hier nur an einigen wichtigen Punkten der Wissenschaftspolitik aufzeigen können, daß Europa eine faszinierende Zukunft hat und daß sich die Einigung Europas für uns lohnen kann, wenn wir uns einbringen. Ich will aber hier nicht schließen, ohne etwas zu den politischen Implikationen der europäischen Einigung zu sagen.

Im Vordergrund unserer Politik steht natürlich nicht ein Europa der Wirtschaftsbosse, der Spitzenforscher und der Jet-Set-Politiker. Wir treten ein für ein Europa der Arbeitnehmer. Wir treten für eine Politik ein, in deren Zentrum der Mensch steht. Er hat das Maß aller Dinge zu sein. Wir fordern eine Politik, die den freiheitlichen Traditionen Europas folgt. Wir wollen ein Europa, das die kulturellen Eigenheiten seiner Völker und Regionen liebevoll bewahrt. In diesem Europa haben ausländerfeindliche Stimmungen keinen Platz. Ihnen müssen wir eine deutliche Absage erteilen. Das europäische Parlament ist der Bundesrepublik in dieser Frage ein gutes Stück voraus. Es hat ein kommunales Wahlrecht für alle EG-Bürgerinnen und -Bürger gefordert. (Übrigens hat der Deutsche Bundestag diesen Beschluß bestätigt.)

Europa ist die Geburtsstätte der Demokratie, des Humanismus und der Aufklärung. Wir haben keinen Grund zur Überheblichkeit: Denn Europa hat auch Hexenwahn und Judenprogrome erlebt. In Europa haben sich die sozialen Strömungen der modernen Welt als Folge der französischen Revolution entwickelt. Hier hat sich vor mehr als 100 Jahren eine Arbeiterbewegung entwickelt, die historisch Einzigartiges errungen hat. Die Schaffung des Europäischen Binnenmarktes muß mit der sozialen Gestaltung der EG Hand in Hand gehen. Was wir an sozialen Sicherheiten und an Wohlstand errungen haben, müssen wir zum Maßstab der EG machen. Aber darüber hinaus gibt es noch viel zu tun.

Und es gibt übrigens auch für uns noch eine Menge zu lernen und zu übernehmen. Andere europäische Länder könnten in manchem Vorbild für uns sein. Bei uns im Land ist ja das Vorurteil weit verbreitet, wir seien die Lehrmeister der EG. Dabei vergessen wir zum Beispiel: In manchen europäischen Ländern ist die Gleichstellung der Frau in der Praxis viel weiter fortgeschritten als hier. Die Französinnen z. B. schütteln den Kopf, wenn sie sehen, wie die hoch entwickelte bundesrepublikanische Gesellschaft mit ihren berufstätigen Müttern und deren Kindern umgeht.

Abschließend möchte ich noch auf eines hinweisen: Alle fortschrittlichen Ideen für die Gestaltung eines sozialen Europas stehen und fallen mit der Stärke des Europäischen Parlaments. Wollen wir ein Europa der Arbeitnehmer erreichen, müssen wir die demokratischen Entscheidungsstrukturen und Kompetenzen des Europäischen Parlaments stärken!

Zur Einführung

Von Wolfgang Böhm, Dortmund

Alle reden vom Europäischen Binnenmarkt. Lohnt es sich dann überhaupt, der 1000. Tagung über Europa die 1001. hinzuzufügen? Wir denken, daß es sich auch weiterhin lohnt, über Europa, über den Binnenmarkt zu reden. Es erscheint freilich wenig ergiebig, darüber zu diskutieren, ob der Binnenmarkt zum 1. Januar 1993 kommt. Denn der Wirtschaftsraum Europa wird nicht in der Nacht vom 31. Dezember 1992 nach Art einer „Denkmalsenthüllung" eingeweiht. Er entsteht bereits Tag für Tag. Wir wollen deshalb auf dieser Tagung der Frage nachgehen, wie dieses „Europa der 12" für seine über 300 Millionen Bürger — Arbeitnehmer, Verbraucher, Rentner usw. — aussehen wird.

Versucht man, sich ein möglichst zutreffendes Bild zu machen, kann es ratsam sein, nicht besonders nahe heranzugehen, sondern die Sache auf Distanz zu betrachten. Und nicht nur aus einer gewissen Distanz, sondern durchaus mit Distanz wird die Entwicklung in Europa von amerikanischen Gazetten beobachtet und beschrieben.

Hier war etwa ein Jahrzehnt lang nicht ohne Häme von Eurokratie, Eurosklerose und ähnlichen unschönen Befunden die Rede. Im Januarheft 1989 von Times war plötzlich von Europhorie die Rede. Vielleicht gebührt der Zeitschrift dafür Urheberrechtsschutz. Dieses Sonderheft von Times, dem Europäischen Binnenmarkt gewidmet, trug den Titel „Europe second thoughts". Wie soll man das übersetzen? Europa auf den zweiten Blick, bei näherem Hinsehen, bei genauerem Nachdenken. Und wie es bei *genauerem* Hinsehen leicht geschieht, gibt es für Europhorie keinen Anlaß.

Zitiert wird Olivetti-Präsident Benedetti: „Wenn der europäische Rausch erst einmal ausgeschlafen ist, wird man daran gehen, die Toten und Verwundeten zu zählen". Sir John Harvey-Jones, Expräsident von ICI, braucht so lange erst gar nicht zu warten. Er weiß jetzt schon: „Zwei von drei Companies werden zu den Verlierern gehören". Und noch einmal Originalton Benedetti: „Der Mythos Europa besteht in dem kleinkindlichen Glauben, daß durch ein Wunder sich einstellt, was eigenes Engagement nicht zu erreichen weiß".

Ich bekenne mich zu diesem kleinkindlichen Glauben. Ich glaube an Europa. Wunder sind nun einmal Werke des Glaubens. Die Geschichte der europäischen Integration darf nicht Rechenkünstlern, Mathematikern oder gar Krämern und Buchhaltern überlassen werden, die Einigungsprozesse auf Bilanzierungsfragen reduzieren. Geschichte wird geprägt durch Ideen und gemacht von Menschen.

Und ich glaube, daß wir die richtige Idee haben — und die heißt Europa, und daß wir dafür auch den richtigen Mann haben — und der heißt Jaques Delors.

Wem das zu unwissenschaftlich ist, dem liefere ich gern eine Theorie nach, und zwar die Theorie der „Self-fulfilling prophecies". Darunter versteht man, daß bestimmte Dinge schon einfach deswegen eintreten und auch eintreten müssen, weil sie so vorhergesagt worden sind. Wenn ernstzunehmende Börsianer sagen, daß die Kurse steigen werden, dann steigen die Kurse, eben weil ernstzunehmende Börsianer das angekündigt haben.

Bei allem Optimismus ist aber hier und heute auch die Stunde, Defizite aufzulisten. Warum wird es 1993 nur einen Markt geben? Warum steht, wenn es um Fragen der Wirtschaft geht, mit Verbindlichkeit nicht nur das Datum fest, sondern auch das dazu erforderliche normative Regelwerk? Warum ist die Europäische Sozialcharta dagegen lediglich eine Forderung, aber kein verbindliches Programm, was Datum und normative Ausgestaltung anlangt?

Wir werden diese Fragen hier in aller Offenheit, in aller Deutlichkeit ansprechen — natürlich nicht aus Häme, sondern mit der gehörigen Loyalität, Sympathie und Solidarität. Aber wir werden fragen müssen: Sind Versäumnisse festzustellen? Ist sozusagen ein Zug verpaßt worden? Warum haben europäische Gewerkschaften nicht das gemacht, was wir von jedem Betriebsrat erwarten, nämlich sein „Ja" zu konditionieren? Ich kenne keinen Betriebsrat, der, wenn ein Unternehmen die Gewinnsituation verbessern kann, „Nein" sagen würde. Aber ich weiß, daß alle Betriebsräte nicht einfach „Ja" sagen, sondern „Ja, aber". Es muß auch etwas für die Arbeitnehmer dabei herumkommen.

Wie konnte es passieren, daß für einen Binnenmarkt das Datum 1992 festgelegt und die Eurokraten schon dabei sind, das erforderliche Regelwerk zu definieren, daß aber nicht gleichzeitig von den Vertretern der Arbeitnehmer in Deutschland, in Europa, gesagt worden ist: Ja, aber nur, wenn gleichzeitig ganz bestimmte Mindeststandards im Arbeitsrecht, im Sozialrecht festgeschrieben werden.

Diese Fragen zu beantworten, offen und kompetent zu beantworten, weiß ich europaweit keinen besseren Gewährsmann als Ernst Breit. Er ist ja nicht nur Gewerkschaftsführer. Ernst Breit ist auch überzeugter Europäer — man kann fast sagen: von Berufs wegen, denn er ist Präsident des Europäischen Gewerkschaftsbundes. Ich habe noch das Wort im Ohr, das Ernst Breit im Frühjahr 1989 an Präsident Delors gerichtet hat: „Seien Sie versichert, Herr Präsident Delors, die deutschen Arbeitnehmer und ihre Gewerkschaften werden einen gehörigen Schluck aus der Flasche Lebertran nehmen, wenn es denn der europäischen Gesundheit dient. Aber nur dann, Herr Präsident, wenn schon aus Gründen der Parität die Arbeitgeber- und Unternehmerseite mindestens einen gleich großen Schluck Lebertran trinken". Die Frage, mit der wir uns beschäftigen müssen, lautet: Warum ist das noch eine Bedingung? Warum ist das kein juristisch festgeschriebenes Programm?

Wenn wir die Gewerkschaften danach fragen, wie sie sich Europa vorstellen und wie das, was im Augenblick noch nicht ist, einmal werden soll, dann müssen wir natürlich auch die andere Seite, die Industrie, die Arbeitgeber danach fragen: Wie stellen sich Top-Manager Europa vor? Trifft es zu, daß führende Wirtschaftler, führende Manager davon ausgehen, wichtig sei einzig und allein der gemeinsame Markt. Wenn erst einmal der Markt da ist, dann würden die Kräfte des Marktes alles übrige schon von selbst besorgen, nach dem Motto: Eine solide Wirtschaftspolitik ist die beste Sozialpolitik. Oder meinen auch Top-Manager, Europa müsse mehr sein als ein gigantischer Supermarkt. Wenn sie aber ein Bekenntnis zu Europa als Lebens- und Sozialraum ablegen: Welche Leitideen haben sie dann eigentlich? Worin sehen Unternehmer, Wirtschaftsführer, Manager ihren spezifischen Beitrag zur Errichtung eines gemeinsamen europäischen Hauses?

Ich bin sehr froh, daß wir Carl Hahn gewinnen konnten, diese Fragen hier zu beantworten. Carl Hahn ist Vorstandsvorsitzender der Volkswagen AG; er ist aber zugleich Vizepräsident des Bundesverbandes der Deutschen Industrie. Er steht also an der Spitze eines nicht nur europaweit, sondern multinational operierenden Automobilkonzerns und er prägt zugleich die Politik der wichtigsten deutschen Wirtschaftsvereinigung.

Für unsere Studierenden ist VW darüber hinaus von besonderem Interesse, weil wir die diesjährige Studienreise nach Spanien gemacht haben. Dort konnten wir dank des Entgegenkommens des Managements uns einen ganzen Tag vor Ort bei SEAT informieren. Wir haben nicht nur mit Managern gesprochen, sondern auch mit dem Betriebsratsvorsitzenden, der übrigens den Comisiones Obreras und das heißt im Klartext: einer kommunistischen Gewerkschaft angehört. Er hat uns dargestellt, wie schwer es ist, Arbeitnehmervertreter vor Ort zu sein, wenn die zentralen Entscheidungen im Ausland fallen; wie schwer es ist, Beteiligungsreche in Barcelona gegenüber dem Management wahrzunehmen, wenn die Weichen in Wolfsburg gestellt werden. „Das“, so sagte er beschwörend, „muß geändert werden, und da gibt es nur eins...“. Einige wollten schon Beifall klatschen, weil sie meinten, nun würde nach Sozialisierung oder Verstaatlichung gerufen. Es kam — für uns überraschend — etwas ganz anderes: „Was wir brauchen, ist ein europäischer Betriebsrat mit den Rechten des deutschen Betriebsrats“.

Unsere Frage an den Vertreter der Industrie lautet: Ist das ein Angebot? Ist das eine Basis? Kann die Industrie da mitmachen? Wird sie mitmachen, auch wenn der Gesetzgeber noch säumig ist?

Wenn wir dabei sind, Defizite aufzulisten, dann gibt es die ja nicht nur in Bezug auf den Sozialraum Europa. Es gibt auch die sogenannte Demokratielücke. Als Jurist ist man einigermaßen bekümmert, zu sehen, daß alle 12 EG-Staaten mit Recht stolz darauf sind, gemeinsame Werte zu vertreten wie Demokratie und Parlamentarismus, aber noch heute können Bürokraten und Regierungen politische Entscheidungen treffen, nicht nur an den Parlamenten vorbei, sondern auch vorbei an den nationalen Verfassungen und an der Überprüfung durch die nationalen Verfassungsgerichte. Kann man sich noch damit beruhigen, daß dies in einer Aufbauphase, in einer Übergangszeit unvermeidlich sei?

Wir werden jemand, der hier lange Jahre in Verantwortung gestanden hat, Karl-Heinz Narjes, danach fragen: Was geschieht, um Europa demokratischer zu gestalten? Und wir haben auch zwei Europa-Abgeordnete dazu gebeten: unseren Dortmunder Abgeordneten Hans Peters und seinen Bielefelder Kollegen Elmar Brok. Wir werden auch diese beiden Abgeordneten, die ja am Sonntag um unsere Stimme werben, danach fragen: Was haben die Abgeordneten dafür getan, das Europäische Parlament wirklich zu einem Parlament werden zu lassen?

Auf den Sozialraum Europa und die sog. Demokratielücke richten sich sozusagen die Scheinwerfer des öffentlichen Interesses. Aber der gemeinsame Binnenmarkt nach 1993 hat viele Implikationen, die man auf den ersten Blick kaum erkennt, z. B. das Prinzip der Freizügigkeit. Dazu liegt von der Kommission ein Vorschlag auf dem Tisch. Danach muß die Zugangsberechtigung zu einem reglementierten Beruf — und das sind auch und vor allen Dingen akademische Berufe —, die nach dreijährigem Hochschulstudium in einem Mitgliedsland erworben wird, auch von jedem anderen Mitgliedsland anerkannt werden. Das hat unmittelbare Auswirkungen für die Organisation von Wissenschaft, für das Hochschulstudium, für Prüfungsordnungen und dergleichen. Deshalb freue ich mich besonders darüber, daß die Ministerin für Wissenschaft und Forschung des Landes Nordrhein-Westfalen in ihrer Eröffnungsansprache etwas dazu sagen wird: Wissenschaft in Europa.

Erlauben Sie einem Juristen wenigstens einige kurze Anmerkungen zum Thema „Recht und Europa". Walter Hallstein, neben Jean Monnet einer der Erzväter des europäischen Gedankens, hat einmal gesagt: Die europäische Gemeinschaft ist im wesentlichen eine Rechtsgemeinschaft. Das ist ein stolzer Satz, das ist aber auch ein begründungspflichtiger Satz. Sieht man sich die in den Römischen Verträgen gemeinsam festgelegten Rechtsgrundsätze an, dann klingt das fast wie eine Ansammlung von Banalitäten: Freiheit, Gleichheit, Solidarität.

Die *Freiheitsrechte* sind — relativ weitgehend — normativiert und ausdifferenziert. Es gibt in den Verträgen festgelegt die drei berühmten Grundfreiheiten: die Freiheit des Verkehrs von Waren und Dienstleistungen, die Freiheit des Kapitalverkehrs und — was vor allem Arbeitnehmer interessiert und betrifft — die Freiheit des Personenverkehrs. Man könnte meinen, das sind Selbstverständlichkeiten. Aber ein gar nicht allzuweiter Blick zurück in unsere eigene Geschichte oder ein wesentlich kürzerer Blick über die Elbe zeigt: Was uns hier und heute banal erscheint, sind beileibe keine Selbstverständlichkeiten.

Auch juristisch *garantierte* Freiheiten sind kein Geschenk des Himmels. Sie mußten erkämpft werden, und sie müssen verteidigt werden. Die Europäische

Gemeinschaft ist insoweit vorrangig Wertegemeinschaft. Und im weltweiten Maßstab ist Freiheit ein Wert, dem sich in Wahrheit nur eine Minderheit von Staaten verpflichtet fühlt.

Das zweite Prinzip, das die Staaten und die Völker der Gemeinschaft verbindet, ist das Gebot der *Gleichheit*. In den Römischen Verträgen ist dieses fundamentale Prinzip eher dunkel als Programmsatz angesprochen. Und hier ist für den Juristen, aber wohl nicht nur für den Juristen etwas ganz Ungewöhnliches geschehen. Diesen Programmsatz hat mit wirklichem Leben erfüllt eine Instanz, die man gemeinhin nicht gerade als Motor sozialer Bewegungen ansieht, nämlich die Gerichtsbarkeit. Die wesentlichen Impulse zur Gleichheit der Europäer untereinander, im wirtschaftlichen Wettbewerb, aber auch im Arbeits- und Sozialrecht, die zentralen Anstöße zur Gleichstellung von Frauen am Arbeitsplatz und beim Zugang zum Arbeitsplatz beruhen auf Entscheidungen des Europäischen Gerichtshofs.

Das für jede Gemeinschaft unverzichtbare Prinzip der *Solidarität* ist in der Europäischen Gemeinschaft juristisch und praktisch am wenigsten ausdifferenziert. Wenn Ungleiche, wenn Reiche und weniger Reiche sich zusammentun — und die Diskrepanz zwischen Dänemark und Griechenland liegt kaufkraftmäßig für den einzelnen Bürger immerhin bei 6:1 —, dann genügt es nicht, das „Lied vom Teilen" anzustimmen; dann muß Umverteilen zum Programm erhoben werden; dann geht es nicht an, die Frage nach Winnern und Losern zum Prüfstein für den Wert der Gemeinschaft zu machen.

Sicherlich darf man ökonomische Fragen nicht außer Betracht lassen. Aber so wenig die Haushaltskasse, auch wenn sie natürlich stimmen muß, konstitutiv für die Familie ist, so wenig kann wirtschaftliche Prosperität allein das einende Band für eine Völkergemeinschaft sein. Robert Schumann, Europäer der ersten Stunde, „Vater" des Vertragswerks über die erste Europäische Gemeinschaft, nämlich für Kohle und Stahl, hat gegen Ende seines Lebens gesagt: „Wenn ich es noch einmal machen dürfte, ich würde mit der Kultur anfangen". Was heißt denn das anderes, als daß eine gesunde Ökonomie notwendige, aber nicht ausreichende Bedingung für jedwede Gemeinschaft ist. Tragfähig ist auf Dauer nur die Gemeinsamkeit der Werte und der Lebensbedingungen. Was aber macht zwölf Völker mit unterschiedlicher Geschichte, Sprache und Mentalität zu einer Völkerfamilie? Natürlich darf auch in einer Familie jeder er selbst und anders als andere Familienmitglieder sein, aber unverzichtbar für die Identität einer Familie ist, daß sie auch ihre Gemeinsamkeiten definieren kann.

Noch sind die großen gemeinsamen Ideen nicht definiert, die aus zwölf Nationen bei aller erwünschten Differenziertheit eine Gemeinschaft machen. Eine Sozialcharta könnte ein erster gemeinsamer Nenner sein. Aber dann muß es um mehr als eine feierliche Erklärung gehen, dann müssen einklagbare Rechte formuliert werden. Diese Aufgabe ist noch zu leisten.

Hoffen wir, daß es den Redaktoren nicht wie den Mitgliedern der berühmten EG-Weißbrot-Kommission ergeht. Nachdem wir inzwischen wissen, was kraft

Verordnung Wurst oder Milch ist, nachdem der Europäische Gerichtshof uns belehrt hat, daß Käse nicht unbedingt aus Milch und Wurst nicht aus Fleisch bestehen, daß Bier entgegen weitverbreiteter Meinung nicht Gerstensaft ist, tat sich unabweisbar die Frage danach auf, was Weißbrot ist. Fünf Jahre lang hat eine hochkarätige Kommission aus Ernährungswissenschaftlern und Juristen über das Wesen von Weißbrot sinniert, konsensfähig war am Ende nur der Satz: Weißbrot ist jedes Produkt, das im Lande seiner Herstellung als solches bezeichnet wird. Bei Weißbrot kann man vielleicht noch darüber schmunzeln. Der Satz „Sozialer Mindeststandard in der Gemeinschaft ist, was der jeweilige nationale Gesetzgeber in den 12 Mitgliedsländern als sozialen Mindeststandard festschreibt" wäre die Bankrotterklärung der europäischen Idee. Dann wäre Europa eben doch nicht mehr als ein überdimensionaler Supermarkt, ein bedeutendes Subsystem des Weltmarktes — gewiß nicht wenig, aber keine Gemeinschaft.

II. Podiumsdiskussion

Drei Thesen zur sozialen Dimension des Europäischen Binnenmarktes

Von Ernst Breit, Düsseldorf

Ich will mich auf einige wenige Anmerkungen beschränken und mich, so klar es geht, zu den Fragen äußern, die aus der Sicht der Gewerkschaften in der Bundesrepublik und in der Europäischen Gemeinschaft von zentraler Bedeutung sind:

1. Es ist Sorgfalt im Denken und in der Sprache gefordert, wenn wir von Europa und von der Europäischen Gemeinschaft sprechen.

Europa ist mehr als nur die Gemeinschaft, und es gibt derzeit zwei Entwicklungen, die von entscheidender Bedeutung für die Zukunft unseres Kontinents sein werden:

Die Impulse, die die Integration in die Europäische Gemeinschaft durch die Vollendung des Binnenmarktes in hoffentlich nicht nur wirtschaftlicher, sondern auch in politischer und sozialer Hinsicht erhalten wird, und die Dynamik der Entwicklungen in Ungarn, Polen und der Sowjetunion, von der zu hoffen ist, daß sie sich erfolgreich entfalten wird und auch diejenigen einbezieht, die derzeit noch keinen Grund sehen, ihre Wohnung neu zu tapezieren — wobei allerdings die Wahl dieses Bildes, das seinerzeit das Mitglied des Politbüros der SED, Hermann Axen, verwandte, an der Wirklichkeit vorbeigeht: Es geht nicht um Schönheitsreparaturen, sondern um einen gründlichen Umbau.

Europa insgesamt wird durch die beiden Entwicklungen verändert. Wir Gemeinschaftseuropäer müssen unsere Kräfte sicher auf den fortschreitenden Integrationsprozeß ausrichten. Aber wir dürfen das nicht in der Weise tun, daß wir uns mit dem Rücken zum Rest der Welt aufstellen und den Blick nur auf die Probleme der Europäischen Gemeinschaft gerichtet halten.

2. In allen Mitgliedsländern breitet sich bei vielen Bürgerinnen und Bürgern, nicht zuletzt in den Reihen der Arbeitnehmer, Verunsicherung und gelegentlich sogar Angst aus. Das hat aus meiner Sicht im wesentlichen zwei Gründe: Die bei uns im letzten Jahr ohne jeden stichhaltigen Grund vom Zaun gebrochene Standortdiskussion hat bei den Arbeitnehmern den Eindruck erweckt, sie wären es, die mit dem Verlust an sozialer Sicherheit und an erworbenen Rechten, mit dem Absinken sozialer Standards den größten Teil der Baukosten für den Aufbau des Gemeinsamen Marktes entrichten sollten.

Europaweit haben Arbeitgeberverbände gewerkschaftliche Forderungen mit dem Argument des zu erwartenden verschärften Wettbewerbs im Rahmen des Binnenmarktes zurückgewiesen. Bezogen auf die Bundesrepublik Deutschland hat sich diese Diskussion als absurd erwiesen. Seit 1952 schreibt die Außenhandelsbilanz unseres Landes ununterbrochen schwarze Zahlen — und das mit steigender Tendenz. Das nicht zuletzt von den Gewerkschaften durchgesetzte System der sozialen Sicherheit, die verhältnismäßig gute Entlohnung und die mit unserem Sozialsystem zusammenhängenden betrieblichen Sozialaufwendungen haben uns nicht nur behindert — diese Faktoren sind zusammen mit der Qualifikation der Arbeitnehmer geradezu Voraussetzungen für den wirtschaftlichen Erfolg der Bundesrepublik.

Hinzugefügt werden muß im übrigen die Tatsache, daß die Bundesrepublik — so hat es das Nürnberger Institut für Arbeitsmarkt- und Berufsforschung am 22. Mai 1989 veröffentlicht — bei den Arbeitskosten (Arbeitskostenaufwand je 1.000 ECU Bruttoinlandsprodukt) mit 611 ECU zusammen mit den Niederlanden den niedrigsten Wert aller Mitgliedsländer der Gemeinschaft aufweist.

Mittlerweile ist von den Spitzenverbänden der Wirtschaft, vorerst jedenfalls, die Kampagne zum Thema Standort zurückgestellt worden. Auf der Ebene mancher Einzelunternehmen aber wird sie unvermindert weitergeführt. Sie ist zu einem gefährlichen Selbstläufer geworden und hat die Europaverdrossenheit erhöht.

Der andere Grund für die öffentliche Verunsicherung liegt an der mangelnden demokratischen Struktur in der Gemeinschaft. Das europäische Parlament ist oft unterschätzt und abgewertet worden — ganz zu Unrecht, denn es ist sicherlich eines der aktivsten, ideenreichsten und engagiertesten Parlamente. Die ihm bislang zugewiesenen Rechte hat es konsequent genutzt. Aber es braucht mehr Rechte. Es braucht legislative Rechte über alle Fragen, die in die Kompetenz der Gemeinschaft gegeben worden sind. Es braucht das Recht auf die Wahl der EG-Kommisssion, und es muß im Verhältnis zum Ministerrat gestärkt werden. Dann erst werden die Bürgerinnen und Bürger die Sicherheit haben, daß nicht über ihre Köpfe hinweg entschieden wird, sondern daß von ihnen beauftragte Personen in ihrem Namen entscheiden.

3. Für die Gewerkschaften ist es nicht akzeptabel, wenn sich der Ausbau Europas im wesentlichen auf die Herstellung des Binnenmarktes beschränkt. Das Ziel der Europäischen Gemeinschaft ist im weitesten Sinne ein politisches Ziel: Dazu gehört der Aufbau der europäischen Demokratie, die Verwirklichung einer fortschrittlichen europäischen Sozialordnung und letztlich auch die Integration der nationalen Märkte in einen gemeinsamen Markt.

Was die soziale Dimension angeht, so reichen einige wenige und dazu auch noch umstrittene Richtlinien im Bereich des Arbeitsschutzes nicht aus. Deshalb fordern wir von den beiden bevorstehenden Gipfeltreffen in Madrid und Paris eine positive Entscheidung über unseren Vorschlag, wesentliche soziale Grundrechte der Arbeitnehmer in das Rechtssystem der Gemeinschaft zu übernehmen. Dazu gehört das Recht auf einen Arbeitsvertrag, das auf einen Tarifvertrag, die Verankerung der Rechte auf Koalitionsfreiheit, das Recht auf Altersversorgung, das Recht auf Arbeitslosenunterstützung — um nur einige zu nennen.

Der Vorschlag der Kommission, solche Grundsätze in Form einer feierlichen Erklärung zu verabschieden, ist eine Zumutung angesichts der Konkretion, mit der der Binnenmarkt verwirklicht wird.

Derzeit befinden sich die europäischen Gewerkschaften in allen Mitgliedsländern in Gesprächen mit den Regierungen. Die britische Regierung hat zu diesen Vorschlägen ihr Veto angekündigt. Es ist höchste Zeit, der britischen Regierung klarzumachen, daß sie sich für oder gegen ein gemeinsames Europa entscheiden muß, daß nicht hingenommen werden kann, mit den Mitteln der Blockade den politischen und sozialen Aufbau Europas zu verhindern, und daß wir nicht bereit sind, uns per Diktat die gesellschaftspolitischen Vorstellungen der britischen Premierministerin aufzwingen zu lassen.

Die Siegesmeldungen in Sachen Arbeitslosigkeit hierzulande haben drei Gründe: die Zunahme schlecht bezahlter und ungeschützter Arbeitsverhältnisse, die Veränderung der Berechnungsgrundlage der Arbeitslosenstatistik und die bevorstehenden Wahlen zum Europäischen Parlament.

Nach wie vor wächst das Wirtschaftswachstum am Arbeitsmarkt vorbei. Die Zahl der Langzeitarbeitslosen nimmt weiter zu.

Ohne eine Wirtschaftspolitik, die eine wirkungsvolle Beschäftigungspolitik zur Priorität macht, werden wir es nicht schaffen, die Arbeitslosigkeit wirksam zurückzudrängen.

Zwar haben sich die Regierungen in der Europäischen Gemeinschaft auf eine kooperative, beschäftigungswirksame Wachstumsstrategie geeinigt. Aber das ist Papier geblieben, nicht mehr als eine feierliche Erklärung. Ein Blick über die Grenzen hinweg, ein Blick nach Schweden und Österreich beweist: Es geht auch anders.

Die Menschen werden das europäische Projekt nicht zuletzt an seiner Fähigkeit messen, mit der Arbeitslosigkeit fertig zu werden. Das ist Voraussetzung für eine Zukunft aller Menschen in der Europäischen Gemeinschaft.

Sechs Thesen zur sozialen Dimension des Europäischen Binnenmarktes

Von Carl H. Hahn, Wolfsburg

Erstens: Die Befürchtung eines europäischen „Sozialdumpings" erscheint schon deshalb unbegründet, weil der rechtliche Spielraum für den Abbau sozialer Rechte äußerst gering ist und ein solches Vorgehen den Grundsätzen unserer Tarifautonomie völlig widersprechen würde. Hinzu kommt, daß aufgrund des Facharbeitermangels in der Bundesrepublik und der zu erwartenden demographischen Entwicklung es schon heute einen intensiven Wettbewerb um qualifizierte Arbeitskräfte gibt, der sich in Zukunft noch erheblich verstärken wird.

Zweitens: Gerade die Kostenvorteile aufgrund niedriger Löhne und Soziallasten — also die Differenzierungen zwischen Ländern und Regionen innerhalb der EG — sind die Voraussetzungen dafür, daß Kapital in die Länder fließt, die besonders günstige Standortvorteile bieten und gleichzeitig eine überdurchschnittlich hohe Arbeitslosigkeit aufweisen.

Nur durch Investitionen und nur durch Kapitalzufluß von den wohlhabenden Ländern können dort die Arbeitslosigkeit abgebaut und der Wohlstand gehoben werden, nicht aber durch vertragliche Regelungen, solange denen keine Substanz gegenüberstehen kann. So werden am besten die notwendigen Leistungssteigerungen bewirkt, die zu einer Verbesserung der sozialen Leistungssysteme führen, und so ist im übrigen auch in Deutschland von dem kargen Lohn des Jahres 1948 ausgehend über 30 Jahre der Prozeß erarbeitet worden, der zu unserem heutigen sozialen Standard geführt hat.

Eine rasche Angleichung der Sozialstandards per Gesetz auf das jeweils höchste Niveau würde den armen Nationen ihren einzigen Wettbewerbsvorteil nehmen. Auch wir haben uns als die Stundenlöhne eine D-Mark, in Amerika aber ein Vielfaches betrugen, die ersten Stufen unseres Wohlstandes durch Exporte verdient.

Drittens: Auch im Sozialbereich gilt der elementare Zusammenhang von Ursache und Wirkung, von Produktivität und Wohlstand. Nur bei Produktivitätssteigerungen können hohe Einkommen und soziale Verbesserungen erreicht werden, und die setzen mehr Investitionen sowie einen flexibleren Arbeitsmarkt voraus.

Der von manchem gefürchtete Wettbewerb der Standorte ist im übrigen bereits längst Realität, wie jeder weiß, der sich in der Welt umschaut — ein

Wettbewerb, der nicht auf die EG beschränkt ist, sondern dank der modernen Techniken die ganze Welt umspannt und Motor des Fortschritts ist. Und die Solidarität der europäischen Gewerkschaften dürfte nicht so weit reichen, daß etwa Spanier und Portugiesen auf ihre Standortvorteile für Investitionen zugunsten der Deutschen verzichten würden. Auch in der Wirtschaftspolitik der sozialistischen Regierungen, nicht nur Spaniens, sondern beispielsweise auch Frankreichs, zeigt sich dies ganz deutlich.

Viertens: Auch auf dem sozialen Sektor wird es zu Annäherungen unter den Staaaten kommen, weil sich auf Dauer eindeutig die besseren Regelungen durchsetzen.

Vieles spricht dafür, daß die Angleichung durch ein unterschiedliches Tempo der Sozialexpansion zustande kommt, abhängig vom Grad des Erfolges des wirtschaftlichen Handelns der jeweiligen Länder. Dabei werden die Marktkräfte einen Großteil der Harmonisierung ganz automatisch besorgen: Die ärmeren Länder werden mit ihren Kostenvorteilen im Standortwettbewerb ihren Lebensstandard zügig steigern können. Auch hierfür ist beispielsweise Spanien ein ausgezeichnetes Beispiel.

Fünftens: Die historisch gewachsene Vielfalt sozialpolitischer Rahmenbedingungen in den Ländern der Gemeinschaft zu ändern, erscheint als unmöglich. Denn diese Gegebenheiten sind jeweils auch im Zusammenhang mit der Gesellschaftsstruktur und anderen Politikbereichen zu sehen. Europa wird den Reichtum seiner Vielfalt nicht nur in kultureller Hinsicht behalten und daraus unverändert Impulse gewinnen, weil gerade aus Differenzierungen sich Fortschritt bildet.

Sechstens: Es gibt keine rechtliche Grundlage für eine derart umfassende Auslegung der Kompetenz der EG-Kommission in Sozialfragen, wie sie von Gewerkschaftsseite teilweise gefordert wird, sondern es gibt die Realität von Tarifautonomie und Gesetzen unterschiedlich von Land zu Land und klare Verhältnisse insbesondere für die Bundesrepublik Deutschland schaffend.

Mit Rücksicht auf die ausgeprägten Unterschiede und die eigenständigen Entwicklungen haben die Mitgliedstaaten der Gemeinschaft nur sehr begrenzte Kompetenzen auf sozialpolitischem Gebiet übertragen. Eine Ausweitung dieses Bereichs wäre deshalb gleichbedeutend mit einem Souveränitätsverzicht der Mitgliedstaaten. Sie könnte für uns zweifellos überhaupt keinen Fortschritt bringen, weil wir die höchstentwickelte Volkswirtschaft sind und dementsprechend die höchstentwickelten Systeme unser eigen nennen, und darauf sollten wir stolz sein.

Europa: Supermarkt oder Sozialraum?

— Diskussion —

Carl Weiss: „Bei Betrachtung der europäischen Integrationsbewegung muß man sagen: Es ist alles schon einmal dagewesen. Dennoch ist der Binnenmarkt, wie wir ihn jetzt anpeilen, ein neues Kapitel. Er hat mit einer neuen Philosophie begonnen. Er ist erstaunlich marktwirtschaftlich konzipiert, liberal, freihändlerisch — wie sie wollen. Ich sage: Erstaunlich, weil es unter den Regierungen, die ihn konzipiert und letzten Endes verabschiedet haben, eine ganze Reihe von Regierungen mit sozialistischer, sozialdemokratischer, christlich-sozialer Mehrheit oder Koalitionsbeteiligung gibt. Deshalb ist es doch wohl erstaunlich.

Wenn ich mir die erste Zeit der Binnenmarktplanung vor Augen halte, incl. das berühmte Cecchini-Papier, incl. das erste Papier des Kommissars Marín zu sozialen Beschäftigungsfragen, dann ist der gemeinsame Tenor eigentlich: Wachstum ist die beste Beschäftigungspolitik. Gemeint könnte sogar gewesen sein: Wachstum ist die beste Sozialpolitik. Und sonst gar nichts. Ich würde gern Herrn Dr. Narjes als Insider fragen: Wie ist das denn in der Planungsphase gelaufen?"

Karl-Heinz Narjes: „Erstens: Die gesamte Einigung ist politisches Ziel.

Zweitens: Die Wirtschaftsgemeinschaft ist eine Teilverwirklichung der politischen Einigung.

Drittens: In der Wirtschaftsgemeinschaft ist der Binnenmarkt eine strategisch wichtige Etappe.

Dieses wurde notwendig, weil die zunächst im Vertrag vorgesehene Zollunion nicht die ökonomischen Effekte und die Krisensicherheit gebracht hatte, die sie bringen sollte. In den 70er Jahren und danach hatten die sogenannten Non-tariff-barriers, also die technischen Handelshemmnisse, ein Maß angenommen, daß durch sie der gesamte Einigungseffekt hätte unterlaufen werden können. Dies kam zum Tragen insbesondere im Rezessionsjahr 1981. Nach den beiden Ölschocks wurde sichtbar, daß die Mitgliedstaaten in größeren Krisensituationen bereit sein könnten, innerhalb der Gemeinschaft wieder gegeneinander Protektionismus zu betreiben. Deshalb gab es ab 1981 nur noch die Möglichkeit, voranzukommen oder den Zerfall zu riskieren. Aus dieser Motivation heraus ist das Thema Binnenmarkt geboren.

Was dabei neu ist, beruht auf der Erfahrung, daß die im EWG-Vertrag vorgesehenen Regeln der Rechtsangleichung völlig unpraktisch sind. Wir haben sie ad absurdum geführt und haben sie praktisch als untauglich herausgestellt.

Etwa mit Einstimmigkeit, also mit Vetomöglichkeit, Details über Spielzeug zu regeln, ist schlicht unmöglich. Nachdem dieser Unsinn demontiert werden konnte und nachdem der Europäische Gerichtshof sein Leiturteil Casis Denon gefällt hatte, waren die Voraussetzungen dafür gegeben, daß wir in den 80er Jahren vorausgehen konnten. Das zum Hintergrund.

Nun ganz speziell: Der Binnenmarkt mit seinen 279 Entscheidungen ist eine Liste zum Abbau alter Binnengrenzen. Wer weniger Entscheidungen haben möchte, muß sagen, welche Grenzen er belassen will. Da wir alle Grenzen abbauen wollten, mußten wir uns auf diese Zahl von danmals 300, jetzt 279, einigen, um mit dem Vollzug dieser 279 Entscheidungen den freien Verkehr von Waren, von Dienstleistungen und Kapital, von Arbeitnehmern und freien Berufen sicherzustellen. Dies sind die elementaren Voraussetzungen dafür, daß das Gesamtwerk gelingen kann.

Dann haben wir Herrn Cecchini und seine Arbeitsgruppe beauftragt, in einer umfassenden empirischen Untersuchung festzustellen: Was das für die einzelnen Unternehmen bedeutet? Sie haben 11.000 Interviews gemacht über 2 Jahre (1986/1987) und sind zu dem Ergebnis gekommen: Es können je nach Politik 4 ½ bis knapp 7% mehr reales Wachstum, 5-6% mehr Stabilität, 2-5 Mio. mehr Arbeitsplätze erwartet werden. Dies war die ökonomische Konsequenz dessen, was wir 1985 beschlossen hatten, von dem wir aber 1985 noch nicht wußten, was tatsächlich erwartet werden kann.

Heute läuft alles mehr oder minder nach Plan. Wir werden das Datum 1992 einhalten können. Der Ministerrat hat die Hälfte der notwendigen Entscheidungen bereits getroffen. Es geht jetzt einmal um die Umsetzung seiner Entscheidungen auf nationaler Ebene. Es geht auch noch darum, daß u. a. im Bereich der Landwirtschaftspolitik noch ein paar fehlende Vorschläge auf den Tisch kommen. Endlich wird es noch darum gehen, bei den „Knackpunkten" indirekte Steuern, öffentliche Aufträge und Polizeigrenzen, die Mitgliedstaaten notfalls in Marathonsitzungen einander näher zu bringen. Denn das sind die drei Engpässe, die wir noch vor uns haben."

Carl Weiss: „Ich könnte eine Menge Zweifel anmelden, ob sich die Waage von der Tolerierung, von der Deregulierung nicht ganz erheblich wieder zum Zwang, zur Harmonisierung hinwendet. Sie selber haben dafür mal eine elegante Formulierung gebraucht. Sie haben gesagt: Das größte Hindernis ist die Resistenz der Mandarine.

Wir wollen uns auf das Thema des heutigen Nachmittags konzentrieren: den geforderten Sozialraum Europa. Es ist nun denn doch reichlich spät das, was man soziale Dimensionen nennt, die soziale Komponente, aufs Trapez gekommen. Es gibt im Grunde drei Schulen:

— Die eine Schule strebt eine große Sozialcharta an — feierlich, wie das ja immer bei der EG sein muß;

— die zweite verspricht sich mehr davon, wenn man zumindest das, was zu machen ist, in Richtlinien festklopft. Man hat begonnen damit, z.B. Gesundheit am Arbeitsplatz;

— und die dritte Schule heißt schlicht: Frau Margaret Thatcher.

Herr Breit, bitte sagen Sie uns, was Ihre Vorstellungen sind und wie Sie sie zu verwirklichen gedenken."

Ernst Breit: „Die Gewerkschaften in Europa haben sich wie der DGB und seine Gewerkschaften für den Binnenmarkt ausgesprochen, verlangen aber, daß gleichzeitig die soziale Dimension mitentwickelt wird, die — wie wir gehört haben — nicht Gegenstand der Maßnahmen ist, die im Weißbuch der Kommission enthalten sind.

Zu den drei Schulen: Die Schule der Frau Thatcher ist nicht unsere. Was unser Problem angeht, kann man das nur als Analphabetentum im Ergebnis bezeichnen. Die Dame geht so weit, zu erklären: Eine Gesellschaft gibt es nicht. Das ist ein einfacher Standpunkt, für uns nicht diskutabel und noch viel weniger akzeptabel.

Die feierliche Erklärung wird angestrebt z. Z. von der Kommission, dies reicht aber nicht aus. Wenn wir die Freizügigkeit des Arbeitsmarktes in Europa wollen, dann müssen wir dafür sorgen, daß die sozialen Gegebenheiten für die Arbeitnehmer sozial verträglich sind — bei aller Unterschiedlichkeit, die wir haben und die auch in vielen Teilen bleiben wird. D.h.: Ein Arbeitnehmer in Europa muß sich auf seine sozialen Grundrechte, notfalls vor Gericht, berufen können. Bei einer feierlichen Erklärung kann er das nicht. Dafür kann er sich nichts kaufen. Er kann ja in aller Regel noch nicht einmal als einzelner das einklagen, was ihm etwa die Übereinkommen der Internationalen Arbeitsorganisation — so sie denn von seinem Heimatland ratifiziert sind — an Möglichkeiten zur Verfügung stellen.

Die dritte Schule versucht, zunächst das zu regeln, was man einigermaßen konkret regeln kann. Das ist im Moment eine Redeweise, deren Gewicht und Inhalt schwer zu beurteilen ist. Die Idee der Kommission, neben der feierlichen Erklärung ein Aktionsprogramm vorzulegen bis zum 30. 6. 1990, läßt sich tatsächlich erst dann einigermaßen beurteilen, wenn man weiß, was darin stehen soll und welche Aktionen konkret stattfinden sollen.

Ein Hauptproblem liegt in der Einstimmigkeit bei den meisten Fragen. Die Einheitliche Europäische Akte bringt zwar in Fragen von Umwelt und auch in der einen oder anderen Frage die Möglichkeit, mit Mehrheit zu entscheiden — aber in den Kernpunkten der sozialen Dimension ist nach wie vor Einstimmigkeit notwendig. Man muß also ernsthaft versuchen, daß die Elf die zwölfte Teilnehmernation und ihre Vertretung von der Notwendigkeit überzeugen.

Die Gewerkschaften tun das schon, indem sie ihre nationalen Regierungen für die Entscheidungen der Regierungschefs entsprechend angehen. So ist es auch letztlich — während der deutschen Präsidentschaft — zu der Erklärung auf dem Gipfel in Hannover gekommen, bei der die soziale Dimension zum ersten Mal offiziell wirklich auf den Tisch gebracht worden ist. So ist es wohl auch dazu gekommen, daß die Arbeitsminister vor 2 Tagen mit 10 : 1 : 1 sich positiv geäußert haben, ohne schon genügend konkret geworden zu sein.

Notfalls werden die Gewerkschaften versuchen müssen, das durchzusetzen — mit den ihnen gemäßen Kampfmitteln. Sie sind insofern in einer durchaus ähnlichen Lage wie Ende des letzten Jahrhunderts, wo sie weder die Möglichkeit hatten, Tarifverträge zu machen, noch Gesetzgeber, die ihnen geholfen hätten. Man hat durchsetzen müssen, daß man Tarifverträge mit den Gewerkschaften abschloß. Im Augenblick sind die Arbeitgeber auf europäischer Ebene nicht bereit, Tarifverträge abzuschließen. Das werden auch nicht die Gewerkschaftsbünde tun können; das werden nur die Branchengewerkschaften tun können. Es kann sein, daß wir den Weg des Kampfes einschlagen müssen, es kann aber auch sein, daß die Vernunft ausreicht, zu anderen Lösungen zu kommen, die für alle Beteiligten tragbar sind. Die Freizügigkeit des Arbeitsmarktes macht es notwendig, auch die soziale Dimension zu regeln."

Carl Weiss: „Hierzu zwei Fragen:

1. Zu den gewerkschaftlichen Kampfmaßnahmen: Die Gewerkschaften sind z. Z. nicht besonders stark und in Europa bisher nicht einig. Und sie sind — wenn Sie mir erlauben, das in diesem Hause zu sagen — momentan nicht gerade auf dem Zenit ihres Ansehens. Was geht denn wohl? Die zweite Frage: Hat der DGB eine ungefähre Prioritätenliste? Was ist das Wichtigste? Sind es Versicherungsfragen, sind es — was vermutlich am ehesten zu lösen sein wird — Frauengleichberechtigung, Kinderarbeit? Tarifgleichheit ist ja wohl z. Z. gar nicht diskutabel. Welchen Katalog der Prioritäten haben Sie bei Ihren Forderungen nach einer sozialen Dimension?"

Ernst Breit: „Zunächst will ich Ihnen einmal widersprechen, was die Einigkeit der Gewerkschaften in Europa angeht. Die Gewerkschaften in Europa sind sich viel einiger als die meisten bisher gemerkt haben. Sie sind sich einig über sozialpolitische Vorstellungen, über wirtschaftspolitische Vorstellungen, über Umweltschutzvorstellungen. Und sie sind sich einig über die Beteiligung der Arbeitnehmer an den Unternehmensentscheidungen, ohne deswegen sagen zu können, das deutsche Mitbestimmungssystem wird in die übrigen europäischen Länder exportiert. Das wollen sie nicht. Aber sie wollen die gleichberechtigte Beteiligung der Arbeitnehmer an den Entscheidungen der Unternehmen, die die Arbeitnehmer betreffen. Das unterscheidet sich in seiner Qualität nicht sonderlich von der deutschen Mitbestimmung. Das wollen *alle* Gewerkschaften im Europäischen Gewerkschaftsbund, einschließlich des britischen Trade Union Congress.

Wo sie unterschiedlicher Ausfassung sind, das ist die Form dieser Beteiligung, weil sie unterschiedliche Erfahrungen und Gegebenheiten haben. Die Engländer sind mit dem System der Shop-Stewards gar nicht so unzufrieden, obgleich das ja im Abbau begriffen ist, kraft Regierungsgewalt. Die Franzosen, die Italiener haben ihre Methoden, beteiligt zu werden — wir haben ganz unterschiedliche

Traditionen und Erfahrungen in Europa, und die wird man nicht einfach über den Haufen werfen können.

Was ist zu regeln? Der Anspruch auf Gewerkschaftsfreiheit, der Anspruch auf einen Arbeitsvertrag, der Anspruch auf gleichberechtigte Behandlung von Männern und Frauen, Tarifautonomie, die Vorstellung, Kinder nicht vor dem 16. Lebensjahr arbeiten zu lassen. Es gibt eine ganze Reihe solcher Fragen, die auch regelbar sind. Viel schwieriger wird es, wenn man den Versuch macht, sich auf Mindesturlaub zu einigen. Was soll das denn sein? 14 Tage, 3 Wochen, 4 Wochen, 5 Wochen, 6 Wochen? Aber das läßt sich wohl noch hinkriegen. Gar nicht hinzukriegen ist das in Fragen der Bezahlung. Man müßte ja eigentlich dafür sein, bei gleicher Arbeit auch gleichen Lohn zu verlangen. Das wird nicht funktionieren. Dann werden die Portugiesen und Süditaliener nie auf einen grünen Zweig kommen. Auch in den Gewerkschaften ist man sich völlig darüber im klaren, daß das Zeit braucht, daß das Hilfe braucht für solche Gebiete."

Carl Weiss: „Voraussetzung für den Binnenmarkt sind annähernd gleiche Wettbewerbsbedingungen. Die Unternehmensseite weist immmer darauf hin, daß unterschiedliche Sozialbedingungen auch ungleiche Wettbewerbsbedingungen bedeuten."

Carl H. Hahn: „Wenn wir sagen, wir fordern gleiche Wettbewerbsbedingungen im Sinne gleicher Sozialbedingungen, so wäre das zwar schön, aber das ist natürlich ein Traum, der sehr unrealistisch ist. Herr Breit erwähnte gerade Portugal: Stundenlohnkosten 5,00 DM gegenüber denen der Automobilindustrie in der Bundesrepublik von 45,00 DM. Wer da sofort angleichen will, nimmt diesen Ländern jede Chance, überhaupt etwas zu werden. Ich erinnere daran, daß wir unser Niveau von 45,00 DM-Stundenkosten über 30-35 Jahre hart erarbeitet haben. Vor 35 Jahren waren bei uns die Stundenkosten auch nur 2,00 oder 3,00 DM. Damit haben wir uns über unseren Export die Basis für das erarbeitet, was wir heute besitzen.

Ich stimme mit Herrn Breit überein und spreche sicherlich nicht nur für mich, sondern für die Industrie schlechthin, wenn ich erklärte, daß wir sehr wohl für soziale und darüber hinaus Sicherheits-Mindeststandards sind, letzteres ohne Abstriche.

Man sollte in diesem Zusammenhang nicht von einem ‚Sozialdumping' sprechen, sondern darüber, was man sich leisten kann. Das soziale Niveau der jeweiligen Leistung bestimmt sich aus der wirtschaftlichen Kraft, die innerhalb Europas größte Unterschiede aufweist. Das wird nicht nur von den modern denkenden Ländern akzeptiert, sondern auch mehr und mehr von den Parteien und neuerdings von den Gewerkschaften, die wissen, daß die Arbeitslosigkeit nur durch Erhaltung und zum größten Teil durch Steigerung der Wettbewerbsfähigkeit abgebaut werden kann. Nur so kann schließlich das Lebensniveau verbessert werden. Wenn Sie an einen süditalienischen, spanischen oder portugiesischen Handwerker oder Bauern denken und dem etwas von ‚Mindesturlaub' erzählen oder anderen Standards, die wir uns nach 40 Jahren erfolgreicher sozialer Marktwirtschaft erarbeitet haben und nun leisten können, dann wird es im Umfeld der dortigen Armut nur zu einem Kopfschütteln kommen können.

Diese Armut können wir nur beseitigen, indem auch Kapital nach dort fließt. Und das ist durch die Öffnung Europas, durch die Freiheit der Kapitalbewegungen in einem sehr großen Umfang in der Praxis möglich. Die Zahl der neu geschaffenen Arbeitsplätze, beispielsweise in Spanien, wächst mit der doppelten Geschwindigkeit des Wachstums hier bei uns in der Bundesrepublik. Diese Länder profitieren ganz offensichtlich schon heute von der europäischen Einigung.

Wir glauben also nicht, daß ohne Sozialcharta die Gefahr eines sozialen Dumpings besteht. Im übrigen konkurrieren wir mit diesen Ländern erfolgreich. Schließlich haben wir einen riesigen Handelsbilanzüberschuß. Was heißt Handelsbilanzüberschuß? Wir haben einen sehr viel größeren Teil Menschen, der vom Export lebt, als wir durch Import Arbeitsplätze kompensiert bekommen. Mit anderen Worten: Wir haben ein Plus an Arbeitsplätzen in unserer Bilanz mit der übrigen Welt. Unser Handelsbilanzüberschuß entsteht zum allergrößten Teil mit den EG-Nachbarn und Nordamerika. Wir erleiden ein großes Minus im Handel mit Japan. Somit sind wir mit unserer Produktivität nur generell konkurrenzfähig. Die mehr als 2 Mio. Arbeitslosen, die wir haben, zeigen, daß wir eben doch ein gewisses Defizit in der Produktivität und damit in der Wettbewerbsfähigkeit haben. Ich glaube, die deutsche Industrie hat zusammen mit den Gewerkschaften auf diesem Gebiet in den letzten Jahren einschließlich der Tarifpolitik Fortschritte gemacht, die sich sehen lassen können.

Auf der anderen Seite muß man ganz nüchtern erkennen: Wir sehen die Welt von Deutschland aus, wie jeder andere auch von seinem Land aus. Ich war Berater einer — übrigens sozialistischen — Regierung, nämlich der französischen, und ich kann Ihnen sagen: Wenn wir hier in Deutschland über Frau Thatcher lächeln, müßten wir auch über Herrn Gonzales oder Herrn Rocard lächeln. Denn sie praktizieren eine thatcheristische Wirtschaftspolitik, mit Erfolg, wie Sie wissen. Schließlich habe ich das ganz aus der Nähe erlebt, wenn z. B. eine Firma wie Toyota eine Entscheidung trifft über eine Investition von 1 Milliarde in Großbritannien, mit all den Auswirkungen für das Gastland, einschließlich Beschäftigung — und die Bundesrepublik Deutschland dabei ausklammert, weil sie ihre Standortvorteile immer mehr und sogar freiwillig einseitig reduziert, mit den bekannten Konsequenzen für unsere Arbeitslosen.

In den entsprechenden Analysen heißt es: Deutschland hat zwar viele Wettbewerbsvorteile, aber ist nicht bereit, seine Nachteile auf diesem Gebiet zu kompensieren, so daß viele japanische und amerikanische Investitionen in England oder Spanien stattgefunden haben und weiter stattfinden werden, mit allen Langzeitwirkungen, die wir heute noch gar nicht registrieren oder spüren, aber spüren werden. Diese Investitionen führen — etwa in Spanien oder Portugal — zu einem Rückgang der Arbeitslosigkeit.

Aus unserer Sicht — als Land mit dem höchsten Lohnkostenniveau und dem bestausgebauten Sozialstrukturniveau — haben wir sicher sehr viel zu verteidigen. Ich glaube, daß wir das auch verteidigen können. Gleichzeitig müssen wir aber realistisch sehen, daß ein Herr Rocard in Frankreich oder ein Vranitzky in Österreich sehr konservativ sind im Adaptieren von Dingen, die uns belasten und die wir dennoch als richtig empfinden. In diesen Ländern kann man sich eine Übernahme aller deutscher Standards einfach noch nicht leisten. Und wir werden dementsprechend froh sein können, wenn wir diesen Ländern ‚aufzwingen' können, was wir als Minimumstandard betrachten, etwa für die Umwelt. Das gilt gleichermaßen auch für unsere Nachbarn im Osten.

Wir teilen also nicht die Sorge, daß bei uns durch Sozialdumping der EG-Nachbarn Arbeitsplätze verschwinden werden. Im übrigen: Was wir haben, möchte im Grund jeder haben. Unterschiede gibt es allenfalls in Fragen der Mitbestimmung, die sich aus Tradition und politischer Konstellation ergeben. Aber unsere Nachbarn möchten natürlich auch gerne 5 oder 6 Wochen Urlaub haben, daran ist kein Zweifel. Nicht alle sind so ‚kurzsichtig' wie die Schweizer, die nun gar keine Arbeitslosigkeit haben, aber über 1 900 Stunden Jahresarbeitszeit praktizieren und die gerade in einer Volksabstimmung nicht nur die 40-Stunden-Woche abgelehnt haben, sondern überdies auch noch die 5. Urlaubswoche, was uns nachdenklich machen sollte."

Carl Weiss: „Herr Dr. Hahn, eine kleine Fußnotenfrage: Glauben Sie nicht, daß die Japaner nicht zuletzt deshalb nach England gehen, weil englisch die erste Fremdsprache ist, die sie gelernt haben?"

Carl H. Hahn: „Wissen Sie, die Japaner sind ja generell eine ‚schwierige' Nation. Ich habe durch das VW / Toyota-Projekt eine sehr enge Verbindung auch zu den dortigen Gewerkschaften und ich weiß, daß die politisch auch sehr weitsichtig denken. Aber ich möchte gerade hier an dieser Akademie etwas mehr Provokatorisches sagen: Die japanischen Arbeiter sprechen englisch, weil jemand Bandarbeiter bei Toyota nur werden kann und darf, wenn er ein Abitur hat. Das führt bei uns natürlich in erster Linie zu Achselzucken und Bedauern, daß diese armen Abiturienten am Band arbeiten müssen. Aber ich glaube, wir sollten darüber nachdenken. Denn für das Beherrschen moderner Technologien spielt das Grundbildungsniveau eine sehr große Rolle.

Aber die Sprache war nicht der entscheidende Grund für die Japaner, nach England zu gehen. Der entscheidende Grund ist die Kurzsichtigkeit der Europäer, die den Japanern den Weg nach Europa durch Importrestriktionen verbauen, sie in Europa damit zum Aufbau zusätzlicher Kapazitäten zwingen. Vielmehr als vor einem Auto ‚Made in Japan' habe ich Respekt vor einem von japanischem Management in japanischer Art (Mitbestimmung am Arbeitsplatz) gebauten Wagen mit den Stundenkosten von 20 DM in Großbritannien, der 20 000 km Seereise und 10 Prozent Zoll gespart hat, gebaut in einer modernen Fabrik auf der grünen Wiese, möglichst noch mit ein paar Subventionen direkter oder indirekter Art versehen, auf jeden Fall mit einer jungen Belegschaft. Das ist eine Erfahrung, die die amerikanische Automobilindustrie in Amerika seit über 5 Jahren macht und die wir noch machen werden.

Also hier gab es ganz nüchterne Überlegungen und Entscheidungen. Die Japaner gehen im übrigen auch in die Schweiz, sie gehen auch — und bekommen teilweise sehr gute tarifliche Regelungen — in die Bundesrepublik Deutschland, die nach wie vor durch ihre qualifizierten Strukturen ein hervorragendes Investitionsland ist — aber nicht mehr in dem früheren und auch heute noch wünschenswerten Umfang."

Carl Weiss: „Wir sind nun schon mitten in der Diskussion: Standortvorteil / Standortnachteil Bundesrepublik. Ich will noch ein Stichwort dazu liefern: Es wird allgemein anerkannt, daß wir als produzierende Nation kaum Schwierigkeiten im Binnenmarkt haben werden. Das wäre ja auch unglaublich bei unseren Exportleistungen. Wohl hört man aber, daß wir als Dienstleistungsland Gegenwind kriegen werden. Herr Peters, wie sind Ihre Erfahrungen aufgrund Ihrer ständigen Berührung mit den Kollegen aus den anderen Ländern?"

Hans Peters: „Aus dieser Erfahrung kann ich wenig zu der Frage des Gegenwindes bei den Dienstleistungen sagen. Ich gehe mal aus von Debatten über den gemeinsamen Markt für Versicherungen. Die britischen Versicherungen werden ganz ohne Zweifel den bundesdeutschen Versicherern ‚Feuer unter dem Hintern' machen durch sehr viel preiswertere Angebote, beispielsweise bei Lebensversicherungen. Das liegt einmal an sehr bürokratischen Vorschriften für die Rücklagenbildung im Immobilienbereich, die in der Bundesrepublik ein bißchen dazu benutzt worden sind, sehr große Verwaltungsgebäude zu errichten. Die modernen Kathedralen in Deutschland sind die Verwaltungsgebäude der Versicherungen und Banken. Das muß nicht sein. Es liegt sicher zweitens auch daran, daß die britischen Versicherungen etwas risikobereiter sind und von den gesetzlichen Vorschriften her auch die Chance bekommen. Lebensversicherungen beispielsweise können bei gleichem Alter, für die gleiche Laufzeit, mit den gleichen Auszahlungsbedingungen etwa 20% billiger in Großbritannien abgeschlossen werden als in der Bundesrepublik Deutschland. 1993 gibt es hier Gegenwind, das ist wahr. Nun sage ich im Sinne des Verbrauchers: Ein solcher Gegenwind ist sehr heilsam und sehr nützlich."

Elmar Brok: „Zum Binnenmarkt insgesamt ist zu sagen, daß das Europäische Parlament sich seit Anfang der 80er Jahre dafür engagiert hat, der Kommission den Freiraum für das Binnenmarktkonzept zu schaffen. Es ist aber auch das Parlament gewesen, das nach 1985, nachdem das Weißbuch zum Binnenmarkt veröffentlicht worden war, darauf aufmerksam gemacht hat, daß die Einheitliche Akte eine Schieflage hat: Große Teile des Binnenmarktes können durch Mehrheit entschieden werden, aber mit Ausnahme des Arbeitsschutzes bedürfen die Sozialpoltik und insbesondere die Rechte und die Interessen der Arbeitnehmer weiterhin der Einstimmigkeit. So steht es ausdrücklich im Artikel 100 a des EWG-Vertrages.

Daraus entsteht eine Schieflage: Der europäische Binnenmarkt will einen freien Markt schaffen. Aber nach meiner Vorstellung von Marktwirtschaft bedarf ein Markt bestimmter Rahmenbedingungen: sozialer, umweltpolitischer, wettbewerbspolitischer Rahmenbedingungen. Wenn wir die wirtschaftlichen Rahmenbedingungen europaweit setzen, aber über die sozialen Fragen allein die Nationalstaaten entscheiden lassen und nicht bestimmte Barrieren eingebaut werden, dann bringt der Druck des Marktes die nationale Sozialpolitk in Schwierigkeiten, zumal, wenn in einzelnen Ländern die Sozialpolitik als Wettbewerbsinstrument eingesetzt werden sollte. Aus diesem Grunde ist das Parlament mit einer ⅘-Mehrheit — man kann sagen, daß nur die französischen Kommunisten und die britischen Konservativen anderer Auffassung sind — der Auffassung, daß dieser Binnenmarkt sozial abgesichert werden muß im Sinne von Mindeststandards. Sie sollen mehr sein als Minimalstandards, aber die Möglichkeit geben, daß Länder mit höheren Standards diese beibehalten und weiterentwickeln können. Den anderen Ländern muß entsprechend ihrer Leistungsfähigkeit, die ja auch gefördert werden soll (die Strukturfonds sollen bis 1993 jährlich auf 30 Mio. Mark erhöht werden), die Möglichkeit gegeben werden, sich schrittweise in diese Entwicklung einzufügen.

Neben der Gesetzgebungsrolle, die von der EG wahrgenommen werden muß, ist der soziale Dialog, nämlich die Möglichkeit konkreter Vereinbarungen entsprechend Artikel 118 b des EWG-Vertrages in der neuen Fassung zu nutzen. Es müssen die Tarifpartner auch auf europäischer Ebene in dem Rahmen, wo dieses europaweit möglich ist, zu Vereinbarungen kommen, um auch dort Mindeststandards zu vereinbaren. Dies ist einmal notwendig, weil hier auch eine größere Flexibilität in den Entscheidungen und Vereinbarungen möglich ist; aber insbesondere auch deswegen, weil nur dadurch auch auf der europäischen Ebene auf Dauer die Tarifautonomie gesetzt werden kann. Ich glaube, daß der europäische Unternehmerverband UNICE, der ja durch einige Mitgliedsverbände noch daran gehindert wird, lernen muß. Wenn hier der Zug verpaßt wird, wird der Gesetzgeber gezwungen, etwas zu tun, was nach meiner Vorstellung und nach unseren deutschen Erfahrungen besser in der Verantwortung der Tarifpartner verbleiben sollte."

Carl Weiss: „Herr Breit, ich kann mir vorstellen, daß Ihnen dazu noch einiges auf der Zunge liegt."

Ernst Breit: „Ja, Ihre Vorstellung ist richtig. Ich will mal einen ersten Satz zu den Ergebnissen der spanischen Politik sagen, von der Herr Hahn gesprochen hat. Es gibt wirtschaftlich durchaus beachtliche Ergebnisse dieser Politik. Aber die Stimmung im Lande, zwischen Regierung und Gewerkschaften — und nicht nur Regierung und Gewerkschaft, sondern Regierung und Bevölkerung — ist eine Katastrophe. Das ist ein Ergebnis dieser Politik, das den Spaniern schwer zu schaffen macht. Wie einheitlich man in der Beurteilung ist, hat die allgemeine Arbeitsniederlegung am 14. Dezember 1988 deutlich gemacht. Und es ist danach offensichtlich nicht besser geworden.

Die Frage, die gestellt werden muß, ist die Rolle des Parlaments. Wir haben keine wirklich demokratischen Kontrollinstanzen in Europa, wie sich das gehört in einer Demokratie. Die brauchen wir. Wir brauchen ein Parlament mit vollen parlamentarischen Rechten. Wo dieses Parlament bisher Möglichkeit hatte, hat sich dieses Parlament als außerordentlich rührig, aktiv und auch einfallsreich erwiesen. Aber die Möglichkeiten dazu reichen nicht annähernd hin.

Ein Zweites ist im Zusammenhang mit den Ausführungen von Herrn Hahn sicherlich auch deutlich geworden: Wir haben keine übergreifende Vertretung der Arbeitnehmerschaft in den Unternehmen. Wenn VW in Spanien eine Tochter hat und die Entscheidungen in Wolfsburg trifft, dann gibt es keine Art von Betriebsrat, der für den Bereich von Wolfsburg und für Spanien zuständig ist — im Sinne unseres Betriebsverfassungsgesetzes. Wir werden zu Lösungen kommen müssen, die für diese Fälle eine grenzüberschreitende, funktionierende, mit allen notwendigen Möglichkeiten ausgestattete betriebliche Arbeitnehmervertretung auf Unternehmensbasis vorsieht.

Konkret steht die Frage an bei dem Statut der Europäischen Aktiengesellschaft, einer Einrichtung, die es bis heute in dieser Form nicht gibt. Sie hängt im wesentlichen — wenn ich das richtig sehe — an der Frage der Beteiligung der Arbeitnehmer. Und die Überlegungen der Kommission, mit Hilfe von drei verschiedenen Optionen weiterzukommen, können ein Weg sein, wenn es gelingt, diese drei jedenfalls in der Form verschiedenen Möglichkeiten der Interessenvertretung der Arbeiterschaft in gleicher Qualität zu gestalten. Auf die Qualität kommt es an. Und die Qualität, die wir meinen, ist die gleichberechtigte Beteiligung der Arbeitnehmer an den sie betreffenden Entscheidungen. Ob das gelingt, ist sehr fraglich. Denn die Meinung der Dame in Großbritannien ist natürlich auch da anders."

Carl Weiss: „Deutlich geworden ist die unglaubliche Kompliziertheit der Harmonisierung von sozialen Rahmenbedingungen, die bis ins Gesellschaftsrecht hineinreicht. Was bedeutet denn dieses momentan im Raum stehende Gerede: Keiner muß die Standards senken, aber keiner wird gezwungen, höhere einzuführen? Das heißt doch ‚Territorialitätsprinzip': Es gilt der Standard, der in dem Land gilt, in dem gearbeitet wird."

Karl-Heinz Narjes: „Das ist für die soziale Dimension ein brauchbares Prinzip, und das Parlament hat sich dafür stark gemacht. Nur ist es kein allgemeines Prinzip für alle Erscheinungen der Integration (im übrigen gilt ja das Herkunftsland-Prinzip).

Wir haben das Prinzip der Minimalanpassung, d. h., die eigentlichen Anpassungslasten der Standort-Systeme liegen bei den nationalen Gesetzgebern, bei den Sozialpartnern der Mitgliedsstaaten. Die werden sich darüber im klaren sein müssen, welche ihrer Standortbedingungen durchgehalten werden können, welche verbessert werden können, welche korrigiert werden müssen, damit sie insgesamt im Wettbewerb um die Investitionen bestehen können. Das ist das Grundmodell.

Zu Recht haben Sie auf den Sektor Dienstleistungen hingewiesen, der — sozial gesehen — eine viel größere Bedeutung hat, als gemeinhin unterstellt wird. 55% der Arbeitnehmer arbeiten im Dienstleistungsbereich. Und dieser Prozentsatz steigt noch. Die deutsche Zahl ist nicht repräsentativ. Wir haben noch relativ hohe Erwerbstätigkeiten in der verarbeitenden Industrie, die andere in dieser Form nicht mehr haben. Die Entwicklung insgesamt geht auf Tendenzverlagerung zur Dienstleistung. In diesen Dienstleistungsbereichen gibt es — und das zum Thema Territorialprinzip — eine große Mobilität der Unternehmen.

Nehmen wir Nordrhein-Westfalen oder Rheinland-Pfalz, die Grenzländer. Einer der unterentwickeltsten Dienstleistungsbereiche ist die Verkehrswirtschaft. Da hat die Gemeinschaft 30 Jahre geschlafen und mußte erst — auf Initiative des Parlaments — vom Gerichtshof verurteilt werden, überhaupt eine Verkehrspolitik zu machen. Und jetzt ist ‚Holland in Not'. Jetzt soll schnell etwas passieren. Aber man hat nicht die Kraft zu überzeugenden Entscheidungen. Das hat zur Folge, daß die unterschiedlichen Kostenverhältnisse heute schon so groß sind im Bereich des Güterfernverkehrs, daß die ersten Betriebe auswandern oder zumindest Filialen in Venlo oder in Luxemburg gründen, um überhaupt mithalten zu können. Denn der Lastzug in den Niederlanden oder Belgien kostet 15.000 DM steuerliche Belastung im Jahr und der in Deutschland 30.000 DM. Hier hat der Gesetzgeber sein deutsches Territorium noch nicht auf den Binnenmarkt vorbereitet, was auch für andere Steuern gilt.

Gleiches gilt für den gesamten Bereich der Finanzdienstleistungen, der allgemein nicht zunehmen wird. Und da ist heute schon die Wanderung nach Luxemburg interessanter als der Verbleib in Deutschland. Ähnliches wird es — wenn wir nicht aufpassen — in den 90er Jahren auch im Bereich der Innovationstechnologie und der Telekommunikation geben. Diese beiden Bereiche, die ihren Anteil am Sozialprodukt in den nächsten 12-15 Jahren verdoppeln und verdreifachen werden, werden nur dann für uns interessant sein, wenn sie bei der Gebührenpolitk für unsere Telekommunikation, die Rahmenbedingungen für die Informationstechnologie setzt, Berücksichtigung finden. Hier ist der deutsche Gesetzgeber gefordert. Territorialprinzip hin oder her — der Nationalstaat wird nichts durchsetzen können, wenn die Unternehmer aus wirtschaftlichen Gründen ihre Aktivitäten woanders hin verlagern müssen.

Nehmen wir Ihre Branche, Herr Weiss. Ich erinnere mich an amerikanische Journalisten, die billiger wegkamen, wenn sie jeden Abend von Düsseldorf oder Frankfurt nach London flogen, um ihren Bericht nach Amerika zu englischen Tarifen durchzugeben, und dann am nächsten Morgen zurückkehrten. Denn die Ersparnis bei den Telekommunikationsgebühren war größer als die Kosten der Übernachtung und der Flugreise. Da werden wir uns, die wir autonom verantwortlich sind für unseren Standort, natürlich an eine neue Dimension der Gesetzgebung und des Wettbewerbs gewöhnen müssen."

Carl Weiss: „Es geht also darum, was unter dem Gesichtspunkt der Niederlassungsfreiheit von anderen EG-Ländern auf uns zukommt, Herr Dr. Hahn."

Carl H. Hahn: „Wir beschäftigen ja 3.000 italienische Arbeitnehmer allein in Wolfsburg, und das mit sehr großem Erfolg, auch was die Integration der Menschen angeht. Ich hätte es allerdings für besser gehalten, wir wären schon vor 20 Jahren so aufgeklärt gewesen — und so frei in Europa — die Kapazitäten lieber bei den Menschen zu errichten, als diese zu den Kapazitäten zu bringen. Das war sicher ein Fehler, den wir damals gemacht haben und der nur schwer zu korrigieren ist.

Aber wir haben auch eine sehr große Anziehungskraft innerhalb der Europäischen Gemeinschaft, nicht nur wegen der Aussichten, viel Geld zu verdienen, sondern auch wegen der Möglichkeiten, seine Kinder gut ausbilden zu lassen. Das höre ich immer wieder von unseren ausländischen Arbeitnehmern. Die Bundesrepublik besitzt eine große Attraktivtät, aber in den Nachbarländern werden die Verhältnisse besser, wenn Sie z. B. an die italienische Entwicklung denken. Damit nimmt der Druck aus diesen Ländern ab. Niemand verläßt gerne seine Heimat, wenn er zu Hause eine Chance sieht.

Im Zusammenhang der Dienstleistung möchte ich gern etwas ergänzen. Da ist eine Entwicklung im Gang, die uns sehr viel kostet. Wir beobachten, wie das Bankwesen nach Luxemburg geht, wir beobachten, wie Finanzzentren schon jetzt nicht nur in London, sondern besonders auch in Belgien entstehen — aus den verschiedensten Gründen. Teilweise sind es eben Standortnachteile, die aus unserer Gesetzgebung resultieren. Ich kann Ihnen ein praktisches Beispiel nennen: Eine der größten amerikanischen Banken hat natürlich ihre Datenverarbeitungszentrale in London, weil sie dort die billigsten Anschlüsse an ihr weltweites Kommunikationsnetz hat. Die Abwicklung beispielsweise all dessen, was mit Kreditkarten zu tun hat, macht man in Portugal, weil es dort am wirtschaftlichsten ist. Dann sind aber auch diese Arbeitsplätze dort.

In einer Welt, in der jeder der Büronachbar des anderen ist, über die modernen Kommunikationstechniken, sind auch unsere hochwertigen Arbeitsplätze nicht garantiert. Wir stehen hier in einem ganz unmittelbaren Wettbewerb mit Norditalien, mit Spanien, mit Korea und Japan. Viele technische Entwicklungen laufen heute schon so, daß ein Teil der Entwicklung in Japan stattfindet, ein Teil in den USA und ein Teil hier. Die Produktion findet genauso optimiert verteilt über die ganze Welt statt, und irgendwo wird dann das Produkt in seiner Endstufe montiert. Denken Sie an die Boeing 747, wo Teile aus der Volksrepublik China oder Korea, Deutschland, Irland, aus der ganzen Welt zusammengetragen und in Seattle schließlich zu einem Flugzeug montiert werden.

Diese Art von Transparenz und diese Art von Wettbewerb wird uns beherrschen und geht schon heute weit über die Grenzen der EG hinaus. Die EG kann nur eine Plattform für unser Leben sein. Aber die EG ist nicht eine rettende Insel, auf die man sich zurückziehen kann, um die Früchte seiner Erfolge von gestern und vorgestern zu konservieren und langsam löffelweise zu genießen. Auch Erfolg verdirbt bei dem Tempo der technischen Entwicklung viel zu schnell."

Ernst Breit: „Ich hänge mich jetzt an einer Formulierung von Herrn Dr. Hahn auf. Er hat gesagt: Diese Art von Wettbewerb wird uns *beherrschen.* Wenn das eintritt, dann arbeiten wir in letzter Konsequenz am Ende zu Bedingungen, wie in Taiwan oder Korea. Und genau deswegen müssen wir uns dagegen zur Wehr setzen. Sie wollen das gar nicht; denn Sie würden dann ja auch zu Bedingungen verkaufen müssen wie Taiwan oder Korea. Ob das nur vorteilhaft wäre für die Unternehmen, das will ich einmal dahingestellt sein lassen. Aber das ist die letzte Konsequenz Ihrer Feststellung. Ich kann nur dagegen setzen: Selbst eine Summe richtiger betriebswirtschaftlicher Überlegungen führt noch nicht unbedingt zu volkswirtschaftlich vernünftigen Ergebnissen. Gewerkschaftlich heißt das: Wir müssen uns viel enger zusammenschließen und viel besser abstimmen über die Grenzen hinweg, als wir das bisher fertiggekriegt haben."

Carl H. Hahn: „Ich würde gerne hierauf etwas antworten, aus den Realitäten heraus, der Realität des Preis / Leistungs-Verhältnisses, die Sie alle hier in diesem Raum jeden Tag nutzen. Sie sind ja der brutale Konsument, Sie schauen nicht darauf, woher etwa das Filmgerät, daß Sie besitzen, kommt, zu dem es teilweise nicht einmal deutsche Alternativen gibt, weil die längst vom Markt verschwunden sind.

Dem weltweiten Wettbewerb kann sich keine Industrienation entziehen, wenn sie erfolgreich bleiben will.

Deshalb muß man in den internationalen Märkten optimal operieren. Natürlich leben wir heute sehr ordentlich und sehr gut und sehr erfolgreich. Aber wir müssen auch die internationalen Gefälle geschickt nutzen, sonst werden wir an die Wand gedrückt. Ich denke an unser Beispiel: Polo in Spanien. Wir haben durch die Verlagerung der Polos nach Spanien nicht einen einzigen Arbeitsplatz in Wolfsburg verloren, aber wir haben die Rentabilität erhöht und Arbeitsplätze auch in Deutschland geschaffen. Wir haben unsere Aggressivität im Markt erhöht. Wir haben statt des Polo in Deutschland mehr Golfs gebaut und liefern Motoren, Achsen, Getriebe — die hochwertigen und kapitalintensiven Dinge aus der Bundesrepublik nach Spanien und in die ganze Welt hinaus. Aus dieser arbeitsteiligen Vorgehensweise schöpfen wir unseren hohen Lebensstandard. Kostengefälle muß man nutzen. VW muß ca. 60 Prozent seiner Produktion (und Deutschland als Industrienation: 30-40 Prozent seiner Industrieprodukte) exportieren, um seine Mitarbeiter zu beschäftigen. Trotz unserer heutigen Arbeitszeitdifferenzen schaffen wir es immer noch, unsere Erzeugnisse in der Welt abzusetzen, Handelsüberschüsse zu erwirtschaften, mit einem Wort, konkurrenzfähig zu sein. Wir müssen dieses Klavier weiter so spielen, daß wir nicht etwa taiwanesische, koreanische, japanische oder — da bin ich ja Experte — chinesische Arbeitsbedingungen hier bei uns einführen, aber wir müssen diese Standorte für uns selbst nutzen.

Ich habe mich neulich mit dem Toyota-Betriebsrat unterhalten und ihn gefragt: Wieviel Tage Urlaub habt ihr? Bei uns gibt es 30 Tage. Die haben mir geantwortet: Wir haben 120 Tage Urlaub: 52 Samstage, 52 Sonntage plus 16 Werktage. Das ist typisch für die dortige Mentalität.

Im japanischen 5-Jahres-Plan der Regierung gibt es ein großes Kapitel über die Erhöhung der Lebensqualität in Japan. Ein Toyota-Arbeiter verdient brutto mehr als deutsche Arbeiter. Und er verdient netto viel mehr als jeder deutsche Arbeiter über den heutigen Wechselkurs. Aber wenn eine Melone 100,— DM und ein Kilo Fleisch 250,— DM kosten, dann muß man erst einmal sehen, was ist das Geld wirklich wert? Wie ist die Lebensqualität? Und die Lebensqualität ist eben in Japan für die arbeitende Bevölkerung eine ganz andere als die hier bei uns. Deshalb sind diese Dinge nicht vergleichbar.

Wir werden sicher nicht taiwanesische oder koreanische Lebens- und Arbeitsverhältnisse hier einführen. Aber mit ihrer Produktivität, mit ihrem hohen Ausbildungsniveau und mit ihren Leistungen müssen wir uns messen lassen, weil jeder Kunde in jedem Supermarkt (nicht nur in der Bundesrepublik Deutschland) uns mit diesen Anbietern jeden Tag vergleicht."

Carl Weiss: „Es wäre vielleicht richtig, wenn jeder von Ihnen noch einmal ein kurzes Schlußwort zum Thema ‚Standort Bundesrepublik im Binnenmarkt' abgeben würde."

Hans Peters: „Wenn wir es uns leisten würden, in Europa nur die betriebswirtschaftlich günstigsten Bedingungen herzustellen und den in hundertjährigem Kampf der Gewerkschaften errungenen Sozialstaat dabei draufgeben würden, dann frage ich mich: Wozu wir eine solche Europäische Gemeinschaft brauchen, wozu wir einen solchen Binnenmarkt brauchen? Dieser Sozialstaat ist ja in Europa entwickelt worden im Einklang mit einer Steigerung der Produktivität, im Einklang mit einer enormen Entwicklung der Berufsausbildung, der beruflichen Qualifikationen.

Im Europäischen Parlament treten wir entschieden dafür ein, daß die Schaffung des Binnenmarktes nicht bedeutet: Die Vorteile für die Unternehmer und die Risiken für die Arbeitnehmer. Die Arbeitnehmer müssen in gleicher Weise Vorteile haben. Der gemeinsame Binnenmarkt bringt aber auch größere soziale Sicherheit durch seine größere soziale Dimension für alle Beschäftigten in Europa mit sich. Das Dokument, das das Parlament dazu beschlossen hat, ist die umfassendste Darstellung dessen, was wir soziale Dimension des Binnenmarktes nennen, und es ist die umfassendste Beschreibung, wie eine Entwicklung des Europäischen Binnenmarktes im Sinne der Sozialstaatentwicklung in Europa aussehen müßte. Das Europäische Parlament wird bei der Gesetzgebung streng darauf achten, daß die Entwicklung von Arbeitnehmerrechten in allen Regionen Europas auf einem höchstmöglichen Niveau stattfindet und nicht in den Ländern, in denen sie schon einen höheren Standard gefunden haben, eingeschränkt oder etwa abgebremst werden.

Irgendwo ist der Außenhandelsüberschuß der Bundesrepublik Deutschland in seiner Größenordnung von über 80 Mrd. DM 1988 allein mit den 11 Ländern der Europäischen Gemeinschaft eine gradezu beängstigende Größe. Ich bin sicher, daß wir einen solchen Außenhandelsüberschuß auf lange Sicht in der Europäischen Gemeinschaft uns gar nicht leisten können. Die Angleichung der Regionen und den sozialen Zusammenhalt könnten wir gar nicht gewährleisten, wenn wir darauf bestehen würden, einen so einseitig entwickelten Außenhandelsüberschuß mit den anderen Ländern und den anderen Regionen zu stabilisieren. Es muß in den anderen Regionen Entwicklungen geben, Beschäftigung geben, Erhöhung des Lebensstandards geben. Und das ist ein mindestens gleich wichtiges Element gegenüber der Schaffung des Binnenmarktes mit Kostensenkung, mit Wettbewerbsverschärfung und im Zusammenhang mit Konkurrenzen etwa mit Japan oder den Vereinigten Staaten."

Elmar Brok: „Erstens werden wir auf die Dauer nur eine vernünftige Entwicklung haben, wenn wir die kommende Legislaturperiode nutzen im Sinne einer neuen institutionellen Runde, für das Europäische Parlament auch in weiteren Sozialraumbereichen Gesetzgebungszuständigkeit zu bekommen. Im Bereich des Arbeitsschutzes hat sich bereits gezeigt, daß das Parlament hier ein entscheidender Träger des Vorangehens ist. So ist das ja auch im Umweltschutz.

Wir haben in diesem Europäischen Parlament die für nationale Vorstellungen überraschende Feststellung gemacht, daß in diesen Bereichen nicht nur die Sozialdemokraten und die Christdemokraten der Bundesrepublik Deutschland übereinstimmen, sondern die beiden größten Gruppierungen insgesamt im Europäischen Parlament fast deckungsgleich in Argumentation und Abstimmungsverhalten sind. Bisher war es immer relativ leicht, die notwendige Mehrheit von 260 Stimmen — die Mehrheit der Mitglieder des Hauses — auf die Beine zu bekommen, die wir im Rahmen des Gesetzgebungsverfahrens brauchen, um Kommission und Rat nötigen zu können.

Wir diskutieren bei den Standortbedingungen oft zu einseitig die Arbeits- und Sozialkosten und vielleicht auch noch die steuerlichen Bedingungen. Wir sollten feststellen, daß die Produktivität ein entscheidender Faktor ist. Denn die Lohn-Stückkosten in Frankreich sind von 1980 bis 1987 um 60% gestiegen. In der Bundesrepublik Deutschland um 16% — im wesentlichen durch den Faktor ‚Produktivität'. Dies hat den wirtschaftlichen Erfolg trotz aller Arbeitskosten ausgemacht. Aber das bedeutet, daß wir vor Ort darauf achten müssen, daß die Bedingungen für mehr Produktivität beispielsweise durch eine funktionierende Berufsausbildung gesichert sein müssen. Das Thema ‚duale Berufsausbildung', ihre Sicherung und ihr Ausbau ist auch eine Frage unseres Standorts im Europäischen Binnenmarkt.

Herr Hahn, hier wurde vorhin angesprochen, daß es Schwierigkeiten gibt bei der Arbeitnehmerkommunikation zwischen Spanien und der Zentrale in Wolfsburg. Wäre es denn nicht sinnvoll, über einen Haustarifvertrag so etwas wie einen ‚deutschen' Betriebsrat im spanischen Zweigunternehmen einzuführen, und auf diese Art und Weise eine Vorreiterrolle zu übernehmen?"

Carl H. Hahn: „1. Wir haben einen mitbestimmten Aufsichtsrat, in dem jedes Mitglied der Arbeitnehmerseite auch Pate von einem Land ist.

2. Wir haben in jedes Land, in dem wir operieren, im Rahmen der dortigen Gesetzgebung immer sehr viele der Dinge hineingetragen, die wir in Deutschland als richtig kennen und schätzen gelernt haben, einschl. ökologischer Fragen oder des Ausbildungssystems.

3. Ich kann Ihnen die freudige Mitteilung machen, daß wir vor wenigen Tagen einen Haustarif bei der SEAT abgeschlossen haben. Wir sind da Ihrem Rate folgend auf einem ganz guten Weg. Wir haben in Deutschland nicht nur eine Gewerkschaft, wir haben auch ein Management, das über viele Jahre immer eine vernünftige, konstruktive Zusammenarbeit und eine vernünftige und sogar maßstäbesetzende Sozialpolitik betrieben hat.

Wenn ich an die Zukunft denke, möchte ich ein paar Stichworte geben:

Erstens: In den Jahren von 1900 bis 1975 hat sich das Wissen der Menschheit verdoppelt. Von 1975 bis heute hat es sich noch einmal verdoppelt, und es wird sich bis zum Jahrhundertende wieder verdoppeln. Wir müssen uns auf diese Welt des explodierenden Wissens vorbereiten. Wir haben heute in Japan, in Taiwan, in Korea relativ gesehen so viele Hochschulabsolventen wie wir Abiturienten haben. Wir haben in diesen Ländern Abiturquoten von 90 Prozent. Es sind nicht die gleichen Hochschulen, sagt hier richtigerweise Herr Brok. Ich danke ihm für dieses Stichwort. Denn es hat in den letzten fünf Jahren keinen Wettbewerb gegeben, bei dem man die Qualität der Oberschulen, der Abiturienten in den Naturwissenschaften verglichen hätte, der nicht von Koreanern oder Japanern gewonnnen worden wäre. Also auch die Qualität dieser Schulen sollte uns zum Nachdenken anregen und gibt uns vielleicht die Antwort auf die Frage, warum diese Länder mit den neuen Technologien, die wir größtenteils erfunden haben, so gut fertig werden.

Zweitens: Wir können heute weder Finanz- noch Unternehmens- noch Tarifpolitik betreiben, ohne uns international zu orientieren und uns in ein internationales Denken, eine internationale Strategie einzubetten, je nach dem Grad der Verflechtung, die die einzelnen Volkswirtschaften haben.

Drittens möchte ich sagen, daß wir noch nie so viele Chancen hatten wie durch den wirtschaftlichen Zusammenschluß Europas. Das jetzt zum 8. Mal hintereinander der vorausgesagte Abschwung in der wirtschaftlichen Konjunktur nicht eingetreten ist, ist für mich bereits auf die Sogwirkung des EG-Binnenmarktes von 1993 zurückzuführen. Die EG dynamisiert Europa. Wir sollten die Dynamik nicht ‚verfrühstücken'. Wir sollten sie expansiv nutzen. Denn das ist die größte Chance, die wir je haben werden, ca. 15 Mio. Arbeitslosen die Möglichkeit zu geben, zu einer Vollbeschäftigung zu finden — so wie es in Amerika möglich gewesen ist.

Hier wird gesagt, das sei eine Provokation. Ich weiß natürlich, was Sie meinen, Sie reden hier von den ‚McDonalds', wo es miserable Arbeitsplätze geben kann. Ich spreche von der unerhört großen Anzahl beispielsweise von Unternehmensgründungen. Ich spreche von der Vielzahl der Firmen, die heute in der Elektronik, in der Biotechnologie in diesen Ländern entstanden sind. Wenn Sie sich die neuen amerikanischen Statistiken ansehen, dann werden Sie feststellen, daß dort eine unerhörte Dynamik herrscht, und niemand hätte je für möglich gehalten, daß man mit der Arbeitslosigkeit so gut fertig würde.

Wenn Sie auf die ‚katastrophale' Massenarmut in Amerika hinweisen: Da müssen wir uns wirklich mal die Welt ansehen, wo auf diesem Gebiet Rückstände sind und wo nicht. Dann brauchen wir uns in Europa und Amerika nicht zu verstecken, auch wenn wir noch große Aufgaben zu lösen haben."

Karl-Heinz Narjes: „Im Hinblick auf den Standort Bundesrepublik besteht kein Grund zur Panik, aber Anlaß, permanent den eigenen Situationsstand zu verbessern. Ein Großteil der Unruhe beruht auf unzureichend verarbeiteter Information. Aus dem Trend zur Modernisierung, zur weltwirtschaftlichen Entwicklung und Interdependenz steigt niemand mehr aus. Wir auch nicht, ob mit oder ohne EG. Unser Produktivitätsvorsprung entscheidet über das, was wir uns sozial leisten können. Dieser Produktivitätsvorsprung hängt ganz wesentlich von unserem gesamten Bildungsstand, Ausbildungsstand, aber auch von der Fähigkeit und Bereitschaft ab, lebenslang zu lernen, von der Motivation, von der Kreativität usw.

Unser eigentlicher Wettbewerber auf den Weltmärkten ist Ostasien, nicht die Vereinigten Staaten. Am ostasiatischen Bildungsstand, an der ostasiatischen Motivation müssen wir uns orientieren. Jede andere Darstellung ist eine Selbsttäuschung, die gefährlich sein kann. In Amerika z.B. können Sie eine Korrelation feststellen zwischen Bildungsstand und Verdienstentgelt, wo die Puertoricaner, die Hispanos usw. mit geringster Ausbildung sich mit Löhnen zurechtfinden müssen, die unter unserer Vorstellung liegen. Aber das ist kein Problem der Dienstleistungen (Stichwort McDonald). Das ist eine Frage des unzulänglichen Bildungssystems in den Vereinigten Staaten. Unser Wettbewerber ist Ostasien, nicht Amerika.

Nächster Punkt: Flexibilität ist mehr denn je gefordert. Die Produktlebenszeit in der Informationstechnologie heute liegt teilweise unter 4 Jahren, die Verfahrenslebenszeiten unter 8 bis 9 Jahren. Wer heute noch davon träumt, wie das zu meiner Jugend möglich war, lebenslang an derselben Maschine bei ständig steigenden Löhnen sein Einkommen zu verdienen, der befindet sich auf dem Holzweg. Wenn wir alle 4 bis 8 Jahre neue Verfahren und neue Produkte haben, müssen wir entsprechend qualifizieren. Und das ist entscheidend.

Der Wettbewerb der Forschungs- und Entwicklungsstandorte hat schon begonnen. Die Inder haben schon vor 3 Jahren gesagt: Wir sind bereit, Euch MAET-Qualität zu 50% der Preise anzubieten. Und die Israelis sagen: zu 70% der Preise. Es genügt nicht alleine, qualifizierte Forscher und Entwickler zu haben. Man muß auch darauf achten, daß die Produktivität von Forschung und Entwicklung hier bei uns mithalten kann. Sonst gibt es auch von der Seite Überraschungen.

Letzter Punkt: Wenn alles so läuft, wie ich mir das vorstelle, dann wird die Sogwirkung der Bildung des Binnenmarktes abgelöst durch eine Explosion der Infrastrukturnachfrage, die sich heute schon abzeichnet. Damit wäre der Wachstumsträger der 90er Jahre vorhanden. Wir müssen ihn nur zu nutzen wissen."

Ernst Breit: „Wir müssen uns bewußt sein, woher unser — im Vergleich zu anderen Industrieländern durchaus bemerkenswerter — Wohlstand eigentlich kommt. Er kommt von den Leistungen der Menschen in diesem Land, von ihrer Ausbildung, von ihrer Erfahrung, von ihrer Zuverlässigkeit, von ihrer Kreativität. Dafür ist maßgeblich die Ausbildung und Weiterbildung. Dem stimme ich uneingeschränkt zu. Und wenn wir dieses Kapital nicht weiter sorgfältig pflegen und vermehren, werden wir irgendwann tatsächlich den Kürzeren ziehen. Das heißt nicht, daß dort, wo wir ihn gezogen haben, es bei der Ausbildung oder beim Stundenlohn gelegen hätte. Ich denke an die Unterhaltungselektronik, die Fotoindustrie. Da hat es uns an der Kreativität, am rechtzeitigen Erkennen von Marktmöglichkeiten gemangelt. Es lag nicht an Faulheit oder zu hoher Bezahlung. Das können wir uns in Zukunft noch weniger leisten als in der Vergangenheit.

Der Vergleich mit anderen Ländern ist eine höchst problematische Angelegenheit. Da muß man wirklich vollständig vergleichen. Wie schwer das ist, zeigt Japan: Das, was der Arbeiter bei Toyota hat, das hat noch lange nicht der Arbeiter in den Zulieferbetrieben von Toyota — und wenn ich es richtig sehe — sind das verhältnismäßig viel mehr als bei uns. Das, was im Süden Amerikas gültig ist, ist im Osten und Westen Amerikas durchaus anders. Das, was amerikanische Haushaltspolitik auch uns in Gestalt von Wechselkursbeeinflussung beschert, ist bei der Betrachtung dessen, was dort zustande gebracht wurde oder nicht zustande gebracht worden ist in den letzten Jahren, auch mitzubetrachten, wenn man das zur Grundlage für seine eigene Verhaltensweise machen will.

Wir haben zweitens — und das halte ich für ebenso wichtig — ein System der Verteilung dessen, was in diesem Land erarbeitet wird, das nicht zu den schlechtesten gehört. D.h. aber nicht, daß es nicht verbesserungsfähig wäre. Wenn wir es nicht verbessern und nicht laufend über den internationalen Zaun gucken, dann wird es sich in der Wirkung ganz automatisch verschlechtern. Das ist der zweite Punkt, wo wir als Arbeitnehmer sicherlich Nachholbedarf haben und weiterarbeiten müssen.

Der dritte Punkt: Wir haben fast 16 Mio. Arbeitslose in den Ländern der Gemeinschaft. Selbst wenn die opimistischste Variante des Ceccini-Berichts Realität wird, dann würden wir 1994, 1995 vielleicht auf dem Binnenmarkt 5 Mio. mehr Arbeitsplätze haben, vorausgesetzt — sagt der Bericht — daß die

Binnenmarktentwicklung durch eine entsprechende Finanz- und Wirtschaftspolitik begleitet wird. Gibt es die schon für Europa? Da kann man Zweifel haben.

Aber selbst wenn die positivste Erwartung (die nicht unbegründet ist) erreicht oder sogar übertroffen wird, haben wir immer noch Millionen von Arbeitslosen in den Ländern der Gemeinschaft, die in Summe zu den reichsten der Welt gehören.

Wir werden uns also mehr einfallen lassen müssen, wenn wir das nicht zum Dauerzustand werden lassen wollen. Dazu gehört für mich weiter eine andere Verteilung der Arbeitszeit, die Arbeitszeitverkürzung. Ich sehe überhaupt keinen Weg, wie wir anders mit diesem Problem fertig werden wollen. Denn Millionen Arbeitslose in Europa bedeutet ein Potential von gewaltiger politischer Brisanz. Wir haben in Spanien ein Ausmaß von Jugendarbeitslosigkeit, die unsere um ein Vierfaches übertrifft. Und mir soll niemand erzählen, daß das auf die Dauer keine Wirkung hätte. Wir müssen also aus reinem Egoismus, aber wir müssen auch wegen der Lage der betroffenen Menschen in dieser Hinsicht noch viel mehr tun.

Letzter Punkt: Die Kosten unseres Sozialwesens oder auch die Lohnnebenkosten. Das ist kein hinausgeworfenes Geld. Davon leben viele Menschen, die auf andere Weise auch leben müßten. Es ist im Grunde genommen eine Frage, wie man das organisiert. Die Dänen tun es z. T. über eine hohe Alkoholsteuer. Wir tun das auf andere Weise, z. T. durch entsprechende Beiträge. In jedem Falle: Das, was da ausgegeben wird, wird gebraucht. Das wird nicht zum Fenster hinausgeworfen. Es ist nach dem System, wie es bei uns läuft, eine der ganz entscheidenden Voraussetzungen, daß auch Arbeitnehmer und ihre Familien konkret etwas von dem genießen können, was Freiheit ausmacht."

Carl Weiss: „Ich finde, wir schulden es einfach jetzt diesem Termin, wenige Tage vor den Europa-Wahlen das Thema ‚Demokratielücke' anzusprechen. Lassen Sie mich dazu ein paar einleitende Bemerkungen machen, um vielleicht jemand hier am Tisch durch Verärgerung zu Äußerungen zu provozieren.

Es besteht gar kein Zweifel — der Ministerrat entscheidet. Er entscheidet weitgehend hinter verschlossenen Türen. Jedenfalls ist das die Erfahrung eines Journalisten, der nach Ratssitzungen einen der Teilnehmer fragt: ‚Was ist dabei herausgekommen?' Die Antworten der verschiedenen Minister waren stets so, daß man glauben mußte, die Herren wären auf verschiedenen Sitzungen gewesen. Die Gefahr ist also, daß der betreffende Minister auch nach Hause geht zu seiner eigenen Fraktion und dann kommt diese schöne Handbewegung (Ja Freunde, Parteifreunde, was sollte ich denn machen? Ich bin überstimmt worden, bzw. es hatte sich so angebahnt, was sollte ich denn machen?). Die Kontrolle durch die Nationalparlamente ist damit perforiert. Daran ist gar kein Zweifel.

Aber ich sage Ihnen als Beobachter dieser Szene: Bei der Forderung nach mehr Rechten für das Europäische Parlament herrscht ringsum in Europa eine enorme Portion von Heuchelei. Ich höre nur, daß Finanzminister und Staatssekretäre aller Länder die Hände über dem Kopf zusammenschlagen und sagen: ‚Ja wie wollen Sie das denn nun machen, wir können doch nicht die Finanzen freigeben. Wo führt das denn hin?' Ich spüre — die beiden Parlamentarier werden mir vermutlich Recht geben — eine erstaunlich wachsende Eifersucht in Deutschland bei Angehörigen des Deutschen Bundestages. Ich hatte neulich den Hauptausschuß des NW-Landtags in Straßburg zwei Tage begleiten dürfen. Und auch bei diesen spürte man ganz deutlich: ‚Was, das wollen die in Straßburg auch noch alles machen? Was bleibt uns denn dann?' Verehrte MdB's, was sagen Sie dazu? Ich fürchte, die Demokratisierung der Gemeinschaft wird noch lange auf sich warten lassen. Und wer schnelle Änderungen verspricht, der heuchelt.

Hans Peters: „Wir versprechen nicht, wir fordern! Erstens wird es eine Entwicklung der Europäischen Gemeinschaft aus einer Wirtschaftsgemeinschaft in eine Europäische Union nicht geben, wenn es nicht gleichzeitig in dieser Europäischen Gemeinschaft ein System der Entscheidungen gibt, das verdient, parlamentarisch-demokratisch genannt zu werden. Das heißt nicht, daß es die gleichen Verfassungsstrukturen haben müßte wie in den Nationalstaaten.

Bei den Diskussionen gerade in Deutschland wird eigentlich zu sehr der Deutsche Bundestag zum Vorbild genommen. Der Deutsche Bundestag ist in seinen Entscheidungsgewalten von der Verfassung her das absolut stärkste gesetzgeberische Parlament der Welt. Unvergleichlich anders sind bereits europäische Parlamente. Das britische Unterhaus z. B. will gar kein *gesetzgeberisches* Parlament sein. Es lehnt es sogar strikt ab. Und es gab eine große Auseinandersetzung mit britischen Abgeordneten, sowohl konservativer, wie Labourprägung, als sie 1979 ins Europäische Parlament kamen: Da wollten sie die Strukturen des britischen Unterhauses auch im Europäischen Parlament verwirklichen. Das britische Unterhaus empfindet sich als Kontrolleur der Regierung und nicht als Gesetzesmacher der Nation. Das geht dann nach Mehrheits-/Minderheitsprinzip: Die einen verteidigen die Regierung, die anderen greifen sie an. Ganz selten wird ein Gesetz, das von der Regierung vorgelegt wird, von der Mehrheit der eigenen Fraktion korrigiert.

Wir müssen bei der Diskussion demokratischer Strukturen in Europa auch die unterschiedlichen Verfassungsstrukturen in Europa sehen. Nichts aber hindert uns daran, zu sagen: Der eigentliche Gesetzgeber nach kontinentaler parlamentarischer Tradition (nicht britischer) muß das Europäische Parlament werden. Denkbar wäre eine Verfassungsstruktur mit direkt gewähltem Parlament (hier dem Europäischen Parlament, direkt gewählt in den Regionen Europas) und einer zweiten Kammer, gewissermaßen einer Nationalitätenkammer (analog etwa dem Deutschen Bundesrat und dem Ministerrat). Daß man die Nationalstaaten aus der Gesetzgebung herausnimmt, ist völlig unvorstellbar bei der weiteren Verfassungsentwicklung in Europa.

Nun sehen Bundestagsabgeordnete und noch stärker Landtagsabgeordnete, wie ihre Entscheidungsmöglichkeiten, ihre Zuständigkeiten entschwinden, schon vielfach entschwunden sind, nach Europa. Das hatten sie zunächst nicht gemerkt, als sie im Deutschen Bundestag eine Liste von 76 europäischen Richtlinien und Verordnungen auf den Tisch bekamen, die sie angeblich beraten sollten. Und als sie beraten wollten und feststellten, daß die Hälfte davon schon in Brüssel verabschiedet war, da ist ihnen erstmals aufgegangen, wie weit ihr Entscheidungsverlust, ihr Souveränitätsverlust gegangen ist. Natürlich beneiden sie uns dann um die wachsenden Zuständigkeiten für das Europäische Parlament.

Ich sehe niemand in der Europäischen Gemeinschaft, weder einen Regierungschef oder Minister oder Abgeordneten der nationalen Parlamente (ob christdemokratisch oder sozialistisch), der leichten Herzens in einer groß angelegten Verfassungs- und Vertragsreform dem Europäischen Parlament in den nächsten 5 Jahren die volle legislative Gewalt übergeben will. Bei den Verhandlungen etwa in Luxemburg um die Einheitliche Europäische Akte ist auch von der Bundesrepublik Deutschland bei Vertragsänderungen sehr zurückhaltend agiert worden. Das hing natürlich mit dem Widerstand einiger anderer Regierungen zusammen, etwa der dänischen oder britischen, aber es hing auch ein bißchen mit der Position der Bundesrepublik zusammen."

Carl Weiss: „Ist es nicht ehrlicher zu sagen, daß die Einheitliche Akte und zuvor schon die Stuttgarter Erklärung von 1983 für lange Zeit die Grenzen markieren, bis zu der die 12 Mitglieder gehen wollen?"

Hans Peters: „Da bin ich entschieden anderer Meinung. Das Parlament wird mit den Möglichkeiten, die es ja jetzt schon hat, nicht zulassen, daß es weitere 5 Jahre nur mit der Einheitlichen Europäischen Akte weitergeht.

Es gibt eine Rund-Um-Mitwirkungsmöglichkeit des Europäischen Parlaments, was die kontrollierende, die meinungsentwickelnde parlamentarische Tätigkeit anlangt. Man muß wissen, daß diese Art von Politik fast die gesamte parlamentarische Tätigkeit des britischen Unterhauses ist und keiner spricht davon, daß das britische Unterhaus deswegen kein demokratisches Parlament sei.

Wir aber — im kontinentalen Verständnis von parlamentarischer Demokratie — wollen ein Gesetzgebungsrecht. Dieses gesetzgeberische Recht übt das Parlament zwischenzeitlich in höherem Maße tatsächlich aus, als die vertraglichen Inhalte das eigentlich zulassen: Es gibt keinen Beitritt mehr, es gibt keinen Assoziierungsvertrag mehr, der vom Parlament nicht gutgeheißen wird. Das Parlament muß zustimmen. Haushaltsrechte ohnehin, und über die Haushaltsrechte haben wir auch politische Inhalte transportiert. Nicht nur durch Blockaden des Haushaltes. Bei der Binnenmarkt-Gesetzgebung werden große Teile der europäischen Gesetzgebung vom Parlament maßgeblich beeinflußt.

Nun muß eine dritte Stufe der Entwicklung kommen, wo ein rundumgesetzgeberisches Mitspracherecht des Parlaments erreicht wird. Der Emanzipationskampf des Europäischen Parlaments um die parlamentarisch-demokratischen Rechte ist von der deutschen Medienlandschaft lange Jahre entweder überhaupt nicht oder mehr hämisch als unterstützend transportiert worden. Das ist ein trauriges Kapitel deutscher Medienpolitik."

Elmar Brok: „Sowohl in der Öffentlichkeit (insbesondere in der Berichterstattung über nationale und europäische Politik) als auch im Deutschen Bundestag selbst geht man z.T. noch von der Illusion aus, daß Zuständigkeiten, die die Bundesregierung im Ministerrat wahrnimmt, den Entscheidungen des Deutschen Bundestages unterlägen. Dieses ist nicht mehr so. In der EG wird Gesetzgebung gemacht, über die das nationale Parlament nachher informiert wird. Ich gehöre selbst dem Unterausschuß EG-Fragen des Auswärtigen Ausschusses des Deutschen Bundestages an. Es ist schon manchmal lustig zu sehen, daß da über Dinge beraten wird, die wir schon aus unserer Erinnerung gestrichen haben, weil wir sie schon seit mindestens einem halben Jahr als erledigt ansehen. Ein großer Teil der Gesetzgebung der Europäischen Gemeinschaft und damit der Gesetzgebung für jeden einzelnen von uns, wird z.Z. ausgehandelt zwischen der EG-Kommission, die das Initiativrecht hat, und den nationalen Ministerialbürokratien, die das dann unter sich ausmachen. In den Ministerratssitzungen lesen sich die Minister anschließend ihre Waschzettel vor, veranstalten noch ein bißchen Krieg, um den Journalisten draußen auf dem Flur zu zeigen, wie hart man doch für die nationalen Interessen gekämpft hat. Und das ist angeblich eine gesetzgeberische Körperschaft, die ohne Öffentlichkeit tagt und deren Protokolle anschließend niemals veröffentlicht werden. Zwei prinzipielle Verstöße gegen parlamentarische Spielregeln.

Ich weiß nicht, warum nicht schon seit Jahren durch die öffentliche Landschaft der Bundesrepublik Deutschland ein Aufschrei der Entrüstung geht. Stattdessen sagt man lieber — wie jetzt im Spiegel nachzulesen —: ‚Es lohnt sich nicht, zum Europäischen Parlament zu wählen, weil die praktisch nichts zu sagen haben.' Es müßte doch umgekehrt der Aufschrei kommen: ‚Warum nicht Gesetzgebung durch das Europäische Parlament? Warum Gesetzgebung durch Bürokraten?' Aber dieses findet nicht statt, eben weil die Illusion, in Bonn im Parlament würde entschieden, von Bonner Korrespondenten bewußt aufrechterhalten wird, um auf diese Art und Weise nicht am Aste der eigenen Bedeutsamkeit zu sägen.

Ich will es am Beispiel der Abgasgrenzwerte für Autos bis 1,4 l deutlich machen: Nachdem das Europäische Parlament beschlossen hatte, hätten andere Werte (stärkere oder schwächere) vom Ministerrat einstimmig beschlossen werden müssen. Dann wurde zwei oder drei Tage in Luxemburg Theater veranstaltet. Töpfer hat für härtere Werte gekämpft, die Franzosen wollten nicht so viel. Von morgens bis abends ging dieser heldenhafte Kampf über Rundfunk und Fernsehen. Und jeder, der das Verfahren kannte, wußte, daß nur das herauskommen konnte, was herausgekommen ist. Das war nämlich bereits vom Parlament beschlossen worden. Aber dieses wurde nicht einmal erwähnt.

Wenn wir unsere Hausarbeiten zum Binnenmarkt 1992 erledigt haben, wird ab 1991/1992 die nächste institutionelle Runde eingeläutet. Dann sind wir in derselben Situation wie die nationalen Parlamente in früheren Jahrhunderten gegenüber den Kaisern und Königen: die nächste Runde um Demokratie zu verwirklichen. Aber dieses können wir nur, wenn nicht die Bevölkerung sagt: Das lohnt sich nicht mit diesem Parlament, die haben ja doch nichts zu sagen, sondern indem man am 18. Juni zur Wahl geht, und durch eine hohe Wahlbeteiligung zum Ausdruck bringt, daß Gesetze nicht von Bürokraten gemacht werden, sondern von Volksvertretern."

Carl Weiss: „Ich habe neulich eine Untersuchung machen müssen über das Wahlkampfklima in allen wichtigen Ländern der EG. Es ist überall das gleiche. Es ist reine Innenpolitik, die da veranstaltet wird. Die Europa-Wahl wird nur als Zwischenbilanz der nationalen politischen Machtverhältnisse gesehen.

Herr Narjes, geben Sie uns Ihre realistische Einschätzung der Rolle dieses Parlaments aus Brüsseler Sicht."

Karl-Heinz Narjes: „Die Rolle des Parlaments ist hier richtig beschrieben worden von Herrn Peters und Herrn Brok. Aber die Einheitliche Akte hat doch zwei Verbesserungen gebracht, die nicht recht bemerkt worden sind:

Das ist einmal, daß wir bei der großen Masse der Entscheidungen die Einstimmigkeit beendet haben. D.h. der Ministerialrat darf heute nicht mehr mit dem Gefühl des Vetos in die Verhandlung gehen und sagen: ‚Mir kann 20 Jahre lang keiner, dann bin ich in Pension'. Er muß von vornherein mehrheitsfähig formulieren, damit er nicht in die Minderheit kommt. Das ist ein großer Fortschritt.

Zweitens: Das Kooperationverfahren, die zwei Etappen der Beratungen mit dem Parlament, zwingt den Ministerrat u.U., in entscheidenden Fragen Parlamentspositionen anzunehmen. Überhaupt, eine Konsequenz der veränderten Verfahren ist, daß jetzt das Kleingedruckte aller Gesetzgebungsarbeit zunehmend vom Parlament beeinflußt wird. Wegen Formulierungsfragen wagt man es selten, dem Parlament zu widersprechen. Insoweit hat das Parlament jetzt schon mehr Einfluß, als die überkommenen Klischees aus der Zeit vor 1987 suggerieren.

Ein letzter Punkt: Können wir das Parlament mit einem Schlage zum vollen Parlament machen oder ist das ein längerer Grabenkampf? Ich glaube, heute gibt es keine Konstellation, die einstimmig eine ‚große' Verfassung zusammenbringt, also voll demokratischen Ansprüchen genügt. Es wird eher der Grabenkampf weitergehen. Dabei gibt es zwei Engpässe: Der eine Engpaß ist personifiziert, Frau Thatcher in Großbritannien. Das hat nichts zu tun mit ihren innenpolitischen Leistungen. Sie ist in der EG angetreten, um diese Gemeinschaft als politisches autonomes Entscheidungszentrum auszuschalten. Sie treibt nicht nur Obstruktion, sie will die Gemeinschaft von innen heraus total verändern. Sie will alles eliminieren, was im Verfassungsgefüge der Gemeinschaft zu autonomen Entscheidungen der Organe der EG führt. Sie will die Entscheidungsprozesse reduzieren auf Regeln des Völkerrechts, also des 19. Jahrhunderts. Darin sehe ich das eigentliche Zentralproblem der EG — in der Freiheit formuliert, die ich neuerdings als Ruheständler habe.

Der zweite Engpaß wird von meinen nationalen ‚Mandarinen', die Sie vorhin zitiert haben, verursacht. Das sind die nationalen Bürokratien, die sich als Sachwalter ihrer nationalen Interessen (die sie wohlgemerkt meist selbst bestimmmen) verstehen und die lieber eine europäische Schwächung, ja sogar Selbstverstümmelung, in Kauf nehmen, als eigene Kompetenzen abzugeben. Das haben wir seit 1958 so gehabt, und das wird auch noch 2008 so sein. Diese Kreise sind nur zu überwinden durch politische Entscheidungen der jeweiligen Staatsspitze oder der größeren nationalen Parteien.

Damit sind wir bei der Heuchelei, die hier angesprochen worden ist. Sie findet sich leider bei allen demokratischen Parteien in Europa. Sie lassen es nämlich alle zu, daß ihre Vertreter in Straßburg zu denselben Themen etwas anderes sagen, als sie zu Hause in ihren nationalen Parlamenten zum Ausdruck bringen. Solange das möglich ist und kein Parteitag, kein Kongreß entschieden dagegen auftritt, werden wir in diesem clair-obscur, in dieser Grauzone, leben."

Auf Frage eines Teilnehmers aus dem Saal, ob die europäische Infrastruktur überhaupt auf den Binnenmarkt vorbereitet ist und wie sich ein Nachtfahrverbot für LKWs — nach dem Beispiel Österreichs — auf den Warenfluß auswirken würde, antwortet *Carl H. Hahn:*

„Das Verbot des Nachtfahrens ist für die Österreicher gefährlich. Hier gibt es ein ‚Quidproquo'. Beim Transport kann in Europa nicht jeder machen was ihm gerade einfällt. Aber bei der Brennerautobahn geht es ja um ganz andere Dinge. Es geht um Innenpolitik, um schlechte Wahlergebnisse, um den Machtwechsel in diesem Teil der österreichischen Republik und um eine zu große Belastung dieses Tales, die auf die einseitige Verkehrspolitik der Schweiz zurückzuführen ist. Dadurch sind 40 Prozent des Transit-Verkehrs von der Schweiz nach Österreich verlagert worden. Hier bedarf es einer europäischen Regelung auf der einen Seite. Auf der anderen Seite bedarf es aber auch weiterer Maßnahmen in Richtung auf Lärmabsenkung, besonders für LKWs. Das ist nicht in erster Linie der Motor, sondern das sind in erster Linie Fahrbahnen, Reifen, sowie konstruktive und insbesondere aerodynamische Fragen, die hier eine Rolle spielen.

VW ist kein Schwer-LKW-Fabrikant. Vielleicht kann ich deshalb zum Stichwort ‚Schiene' etwas sagen: VW ist der größte Kunde der Deutschen Bundesbahn. 90 Prozent all dessen, was bei uns ankommt, kommt per Schiene. Wir haben selbst ein Schienennetz von 120 km. Wir denken in puncto Förderung des Schienenverkehrs europaweit. Wir haben unseren Zwischenwerksverkehr jetzt bis Spanien ausgedehnt. Auf diesem Gebiet sind wir sehr aktiv. Wir haben auch sehr viele Erfindungen gemacht, um auf diesem Gebiet die Produktivität, die zweifellos die Schiene zumindest innerhalb der Bundesrepublik und einiger Nachbarländer bietet, voll zu nutzen und weiterzuentwickeln."

Karl-Heinz Narjes: „Ich hatte schon gesagt, daß die Explosion des Infrastrukturbedarfs m.E. zu den großen Herausforderungen der 90er Jahre gehört. Dazu gehört z.B. alles, was der ‚Vernetzung der nationalen Netze' dient, vor allem Straße, Schiene, Luftverkehr.

Dazu gehört auch die Engpaßbeseitigung. Das sind ja nicht nur die Alpen, das sind auch die Pyrenäenquerungen, das sind die Kanaltunnel, das sind die Brücken zu den Inseln vor Skandinavien. Es geht um -zig Milliarden Infrastrukturbedarf. Das Besondere ist gerade am Beispiel Brenner, daß wir heute schon erkennen können, wann die vorhandene Struktur gesättigt sein wird, und zwar bevor es überhaupt noch möglich ist, Zusatzinvestitionen in Verkehr zu bringen. Alles das ist wiederum eine Folge der verfehlten oder besser gesagt: fehlenden Verkehrspolitik. Die völlig verfehlte Verkehrspolitik habe ich schon angegriffen. Ich habe meinen Angriffen nichts hinzuzufügen."

Hans Peters: „Wenn die Liberalisierung des Verkehrswesens im Bereich der Straßen- und Gütertransporte in der Weise verläuft, daß eine Verdoppelung oder Verdreifachung der Transportkapazität auf der Straße stattfindet, dann werden wir uns in drei oder vier Jahren darüber unterhalten, daß Deutsche deutsche Autobahnen gesperrt haben, weil die Lastwagen-Kolonnen, die die Grenze frei passieren können, keine Geschwindigkeiten mehr auf der Autobahn kriegen. Wenn es keine Umsteuerung in der europäischen Verkehrspolitik auf Schienentransport gibt, werden wir auch in Deutschland Autobahnsperrungen erleben."

Ernst Breit: „Eine Zusatzbemerkung: Das dauert keine drei Jahre. Man muß nur von Belgien (Brüssel) kommend in Richtung Köln weiterfahren wollen, dann sieht man einen katastrophalen Unterschied in der Belegung der Autobahnen. Die verfehlte Verkehrspolitik finden wir auch zu Hause vor, Herr Narjes."

Karl-Heinz Narjes: „Natürlich! Alle 12 Staaten haben sich seit 1958 geweigert, eine ernsthafte europäische Verkehrspolitik zu gestalten. Aus dem Nähkästchen: Seit 1958 haben wir kaum Beamte aus nationalen Ministerien rekrutiert, weil sie alle nur geschickt werden sollten, um eine europäische Politik zu verhindern. Wir sind deshalb ‚auf die Dörfer' gegangen, wir sind deshalb zu den Experten in den großen Verkehrsträgern, in den Landesregierungen und Universitäten gegangen. So ist die etwas gespannte Lage entstanden. Eine Kampfsituation mit Mandarinen, die sich in nichts reinreden lassen wollten. Gucken Sie sich heute Eurocontrol an, die notleidende Luftsicherheit. Wir waren 1962 viel weiter als heute. Es muß wohl noch mehr Chaos am Himmel aufziehen, bis man vernünftigerweise wieder zurückfindet zu einer Situation, die man vor 20 Jahren schon hätte haben können. Hier gibt es gute Gründe für viel Zorn."

Auf die Frage aus dem Auditorium, ob und ggf. wie Gewerkschaftssekretäre auf den Binnenmarkt vorbereitet werden, antwortet *Ernst Breit:*

„Es gibt Bildungsangebote der einzelnen Gewerkschaften, wenn auch in sehr unterschiedlicher Weise, und außerdem Bildungsangebote des DGB. Es gibt ja keine einheitliche Sekretärsausbildung für alle Gewerkschaften.

Wir sind dabei, so etwas zu entwickeln wie eine Europäische Gewerkschaftsakademie. Nicht in Gestalt eines neuen Hauses mit vielen Direktorenstellen o.ä., sondern indem wir die vorhandenen Bildungskapazitäten der Europäischen Gewerkschaftsbünde zu bündeln versuchen. Wir sind mitten in der Arbeit. Wir müssen uns innerhalb des Europäischen Gewerkschaftsbundes darüber abstimmen. Denn das muß der britische Kollege genauso gebrauchen können wie der dänische oder der italienische oder der deutsche. Dies wird einige Schwierigkeiten machen, nicht nur wegen der unterschiedlichen Gegebenheiten und manchmal auch Ansichten, sondern auch von den Voraussetzungen der zu beteiligenden Menschen. Wir müßten mindestens erreichen, daß die sich alle in einer Sprache verständigen können. Denn die Dolmetscherei ist sicherlich eine gute Hilfe, aber die Zahl der dadurch möglichen Mißverständnisse ist nicht gerade klein."

Auf eine Frage aus dem Teilnehmerkreis, ob die marktorientierte Freizügigkeit der Arbeitnehmer auch für Kinder, Ehegatten, Rentner, Sozialhilfeempfänger usw. gelten wird, antwortet *Karl-Heinz Narjes:*

„Umstritten sind im Grunde vor allem zwei Probleme: Wo dürfen Studenten und Pensionäre hinziehen? Ich könnte mir vorstellen, daß wir eines guten Tages bei einer Schweizer Lösung ankommen. Sie kennen das Schweizer System des Heimatscheins. In der Schweiz kann jeder sich niederlassen, wo er will, vorausgesetzt, er hat einen Heimatschein. Das ist eine Selbstverpflichtung seiner Heimatgemeinde, daß diese im Falle seiner Not, bei eventueller Sozialpflichtigkeit die Sozialkosten tragen muß. Die Regionen, in denen es als besonders angenehm gilt zu wohnen — von Mallorca bis zur Cote d'Azur — sperren sich energisch gegen den unbegrenzten Zuzug von potentiellen Sozialfällen. Das wird in den nächsten 3 Jahren gelöst werden müssen.

Ein anderes offenes Problem ist der Grunderwerb. Es gibt vor allem zwei Mitgliedstaaten, Dänemark und Griechenland, die sind besonders zurückhaltend, wenn es darum geht, andere Staatsangehörige Grund und Boden erwerben zu lassen. Ein Thema, das im Vertrag nicht geregelt ist, das aber mit seinen Zielen implizit verbunden ist. Wenn man Arbeitnehmer frei wandern läßt, dann muß man sie auch in die Lage versetzen, ein Haus und eine Wohnung kaufen zu können. Aber, es gibt noch weitere Probleme, von denen ich annehme, daß sie bis 1992 so oder so auf den Tisch kommen und möglichst vorangebracht werden."

Hagen Lichtenberg: „Die Frage nach den originär gewerkschaftlichen Handlungsmöglichkeiten scheint mir in diesem Hause und bei dem Thema ‚Sozialraum Europa' etwas zu kurz gekommen zu sein. Es mag richtig sein, daß die europäischen Arbeitgeberverbände, also UNICE, von konservativen Mitgliedern gebremst, keine Tarifverträge abschließen wollen. Aber sind denn die Gewerkschaften politisch und organisatorisch darauf überhaupt vorbereitet?"

Ernst Breit: „Es gibt im Augenblick, so weit ich das übersehe, keine gewerkschaftliche Organisation, die ein Mandat hätte, europaweit Verträge abzuschließen. (Einwurf: ‚Aber das liegt doch an Ihnen!') Das liegt nicht an mir. Ich kann denen keine Mandate verordnen. Das müssen schon die Mitglieder selber beschließen. Das ist so in Gewerkschaften. Das wird auch in Europa so bleiben. Auf europäischer Ebene Verträge abzuschließen, auch wenn es Rahmenvereinbarungen sind, setzt ja voraus, daß erstens Partner da sind, und zweitens, daß die sich einig werden. Die Voraussetzung fehlt. Ich kann dies im Augenblick nur als Sachverhalt herausstellen.

Über die Notwendigkeit, Rahmenvereinbarungen — am Ende auch Tarifverträge — mit europaweiter Wirkung abzuschließen, kann es überhaupt keinen Zweifel geben. Diese Einsicht ist nicht nur bei mir vorhanden. Die wächst bestimmt inzwischen auch in den Gewerkschaften. Sie wächst vor allem auch bei den europäischen Gewerkschaftsausschüssen. Ich glaube, inzwischen gibt es keine Gewerkschaft mehr bei uns, die nicht wenigstens eine europäische Struktur hätte. Das hat sich bei einigen Gewerkschaften erst in den letzten 2 Jahren ergeben, bei anderen ist das schon aus der Steinzeit, wenn ich z.B. an meine Postgewerkschaft denke. Wir werden das durchkämpfen müssen, wir werden das nicht auf dem Tablett serviert bekommen.

Das Parlament kann in diesen Fragen eigentlich nur Ersatz sein. In Deutschland können wir zum Parlament sagen: Nun mach mal ein anständiges Arbeitszeitgesetz, wenn wir nicht einig werden. Und das Parlament könnte, wenn es wollte. Und wenn wir es wollten, könnten wir es sicherlich beflügeln. In Europa geht das nicht, weil das Parlament dafür nicht die Befugnis hat. Die den Gewerkschaften eigenen Regelungsmechanismen existieren in Europa eben noch nicht."

Karl-Heinz Narjes: „Ich verstehe Ihre Enttäuschung. Aber man muß doch sagen:

1. Bei den Vertragsverhandlungen von Rom wollte zunächst überhaupt niemand Sozialvorschriften haben. Dann kam das französische Patronat und sagte: Wir wollen alles bis zur letzten Stelle hinter dem Komma geklärt haben. Daraufhin wurde ein Gutachten beim Internationalen Arbeitsamt bestellt, in dem es hieß: Die unterschiedlichen Sozialsysteme gehören zu den natürlichen Standortbedingungen; sie sind nicht unbedingt regelungsbedürftig. So kam das Kapitel ‚Sozialpolitik' in den Römischen Verträgen mehr unter Alibigesichtspunkten als unter Gestaltungsgesichtspunkten ans Licht der Welt.

2. Harmonisierung der Sozialbedingungen war mindestens 20 Jahre nicht populär. Ich erinnere mich noch, daß wir von 1958 bis Mitte der 70er Jahre doppelt so viel Zustimmung hatten für eine europäische Verteidigungs- oder Außenpolitik wie für eine europäische Sozialpolitik. Denn niemand wollte

seinen sozialen Status irgendeiner unbekannten europäischen Institution überlassen. Der Bürger wollte haben, was er kennt, behalten, was er hat. Als in den 70er Jahren Wissenschaftler versuchten, die Sozialversicherungssysteme so weit zu vereinheitlichen, um sie als Transferinstrument für horizontalen Finanzausgleich unter den Mitgliedstaaten tauglich zu machen, wurde dies praktisch abgelehnt. Was wir jetzt haben mit der Einheitlichen Akte, ist das erste Mal überhaupt, daß die Mitgliedstaaten im Sozialbereich vorangehen wollen.

3. Die soziale Dimension, von der wir heute sprechen, ist ja z.T. ein Schlagwort. Sie ist das Ergebnis der Überraschung, wie weit Griechenland, Portugal von Dänemark, Deutschland von Holland sozial voneinander entfernt sind. Diese große Diskrepanz schuf das Thema ‚soziale Dimension'. Es beginnt ganz elementar, etwa daß Arbeitsverträge der Schriftform bedürfen, oder mit dem Tarifwesen. Man sollte klarstellen, daß diejenigen, die Manteltarifsysteme haben, diese weiterführen können und nicht gezwungen sind, Gesetze zu erlassen. Auch die Realisierung des Gesetzes der Frauen/Männergleichheit gehört hierzu. Dieser sozusagen ‚Grundrechtskatalog' eines vernünftigen, modernen Arbeitsrechts muß vielfach erst noch entwickelt und vollendet werden."

Auf die Frage eines Teilnehmers nach der spezifischen Rolle der Gewerkschaften antwortet *Karl-Heinz Narjes:*

„Die Gewerkschaften haben auf der einen Seite immer sehr engagiert für die europäische Einigung gekämpft. Wir verdanken ihnen große Impulse. Ohne oder gar gegen die Gewerkschaften wären wir heute nicht da, wo wir sind. Auf der anderen Seite natürlich mußten sie vorsichtig sein, sich auf Abenteuer einlassen. Die Diskrepanz zwischen der ärmsten und der wohlhabendsten Region der Gemeinschaft ist vielleicht 1 : 6 (Pro-Kopf-Einkommen). Eine Angleichung dieser Entwicklung, daß die Leute mit 1 auf den 6er Status kommen werden, das dauert natürlich 10, 20 Jahre und länger. In Amerika hat es mehr als 50 Jahre gedauert. D.h. u.a.: Die Revolution der unerfüllbar schnell steigenden Erwartungen ist in manchen Regionen das eigentliche Problem, das wir alle unter Kontrolle halten müssen. Wir dürfen nicht den Staaten mit dem geringsten Pro-Kopf-Einkommen die Hoffnung machen, daß sie in einem Schnellverfahren — so wie ‚Instant-Kaffee' — auf einmal über einen Sozialstaat à la Bundesrepublik verfügen können. Da gibt es Führungsprobleme schwieriger Art. Die verantwortlichen Gewerkschaften haben diese Zusammenhänge sehr deutlich erkannt."

Ernst Breit: „Eine der wichtigsten Arbeiten der Gewerkschaften in Europa in den letzten Jahren war die Einigung auf gemeinsame politische Grundsätze und Zielvorstellungen. Wie schwer das ist, will ich nur an dem Beispiel Tschernobyl verdeutlichen. Im Schwarzwald wurde gemessen, und der Salat wurde nicht mehr gegessen. In den Vogesen wurde gar nicht erst gemessen, und man aß den Salat ruhig weiter. So war die Einstellung zur Umwelt. Sich zu einigen, bedeutet in manchem Feld, Bewußtsein für das Vorhandensein eines Problems zu erzeugen, nicht etwa perfekte Lösungen gemeinsam zu erarbeiten. Heute sind die Gewerkschaften so weit, daß sie verhandeln können."

III. Arbeitsgruppen

Arbeitsgruppe 1

Recht der Arbeit und soziale Sicherheit in Europa

Einführende Thesen

Von Klaus Adomeit, Berlin

1. Die Wirkung der EG auf unser Arbeitsrecht und Sozialrecht wird eher tatsächlicher als rechtlicher Art sein.

2. Rolf Birk sagt: „Der rechtliche Niederschlag (in den beiden genannten Rechtsgebieten) ist bisher verhältnismäßig schwach ausgefallen." (ZAS 1989, 73, 74; vgl. auch ders., NZA 1989, 329ff.). Dem ist zuzustimmen.

3. Auch bei einer Ausweitung der EG-Rechtsetzungstätigkeit wird das Recht der Bundesrepublik kaum berührt werden, da wir den zu erwartenden Mindeststandard vorweg erfüllt haben werden.

4. Etwas anderes kann für die Gleichberechtigung der Frauen gelten, die das EG-Recht weitergehend verwirklichen will (Richtlinien 75/117, 76/207 und 86/378) als unser nationales Recht.

5. Das Prinzip der Freizügigkeit für Arbeitnehmer aus den EG-Staaten ist deshalb wenig einschneidend, weil bei uns die arbeits- und sozialrechtliche Gleichbehandlung für alle Ausländer geübt wurde und wird. (Anders das Öffentliche Recht: Aufenthalts- und Arbeitserlaubnis).

6. *Tatsächlich* wird der Wettbewerb um inländische Arbeitsplätze härter werden, z. B. bei den gehobenen Berufen wie den akademischen. Dies gilt auch für selbständige Positionen, z. B. den Rechtsanwalt (Zulassungsvoraussetzung bis heute ungeklärt).

7. Tatsächlich wird auch der Vergleich der jeweiligen nationalen Arbeitsrechte und -bedingungen im Rahmen der Standortfrage für Unternehmer (wo bleiben? wohin wechseln? wo neugründen?) von großer Bedeutung sein. Dieser Gesichtspunkt wird die weitere Entwicklung des Arbeitsrechts in allen EG-Ländern beeinflussen.

8. Die Lage der deutschen Wirtschaft ist gut, wie die gegenwärtigen wirtschaftsstatistischen Angaben zeigen. Die Zukunftsprognosen lauten günstig, vor allem für die Maschinenindustrie. Dies bedeutet nicht zwingend eine gleich günstige Perspektive für inländische Arbeitsplätze; denn ein zunehmend großer Teil der inländischen Umsätze beruht auf ausländischer Arbeit („Internationalisierung der Fertigungstiefe"). Unser „local content", d. h. der Anteil wirklich deutscher Arbeit an Produkten „Made in W.-

Germany“, wird immer kleiner. Unter diesem Aspekt kann man die geplante Kooperation mit östlichen Staaten nur skeptisch und fast schon als störend sehen, z. B. wenn für Portugal vorgesehene Aufträge nach Shanghai gehen.

9. IM EG-Wettbewerb ist die Frage der möglichen Flexibilisierung von Arbeitsbedingungen von großer Bedeutung (vgl. Zeitschrift für ausländisches und internationales Arbeits- und Sozialrecht 1987, S. 221 ff., 337 ff. mit dem Bericht einer von R. Birk in Trier organisierten internationalen Konferenz; zuletzt A. Krüger, Arbeitgeber 1989, 409).

10. Das Beschäftigungsförderungsgesetz sollte in seinem Art.1(Befristete Arbeitsverträge), verlängert werden, und zwar nicht nur bis 1995 — dann würde sich dasselbe Problem schon wieder stellen! —, sondern auf unbestimmte Zeit (am besten mit Verlängerung der Befristungsmöglichkeit auf *drei* Jahre, Spanien folgend).

11. Sowohl für den Gesetzgeber wie für den Richter und sonstige Arbeits-(Sozial-)rechtler wird der orientierende Blick über die Grenzen zunehmend wichtig. Die von der EG für die weitere Zukunft erstrebte Angleichung und Vereinheitlichung kann schon jetzt als methodisches Prinzip, etwa bei der Auslegung von Gesetzen, anerkannt werden (Gamillscheg).

12. Wir gehen Risiken ein: Manche Betriebe und Arbeitsplätze, besonders in der Produktion unterhalb des high-tech-Niveaus, werden Europa zum Opfer fallen. Wir erhalten Chancen: für neue Betriebe, für Erweiterungen, für neue Arbeitsplätze. Niemand kann die Gesamtbilanz voraussagen, aber es spricht manches dafür, daß sie für uns positiv sein könnte.

13. Es ist kein Unglück und auch kein Unrecht, wenn in den Staaten der EG die wirtschaftliche Entwicklung vorreitet und die soziale Entwicklung nach sich zieht. In der Übergangszeit bis zur annähernden Angleichung der Sozialstandards darf deren Anhebung den nationalen Gesetzgebern und den nationalen Gewerkschaften überlassen bleiben.

14. Eine neue europäische Sozialcharta — es gibt bereits die vom Jahre 1961 der Staaten des Europarats — erscheint nicht als dringende Aufgabe. Den deutschen Arbeitnehmern könnte sie kaum etwas bringen, dagegen Arbeitslosen der weniger entwickelten Länder Aussichten versperren.

15. Binnenmarkt ist Markt, also eine kapitalistische Veranstaltung. Eine Beteiligung der staatswirtschaftlichen Ostländer (gefordert vom Vertreter der UdSSR, Akademie-Mitglied Shenaev) wäre nur in dem Maße möglich, in dem sie kapitalistische Elemente in ihr jeweiliges Wirtschaftssystem einfügen. Und das heißt: Freiheit nicht nur für das Kapital, sondern auch für den Faktor Arbeit, nämlich Koalititonsfreiheit, Streikfreiheit und Tarifautonomie für alle Arbeitnehmer. Dies hieße völlige Abkehr vom Marxismus! Die Frage ist keineswegs mehr theoretisch, sondern wird von den Arbeitern der UdSSR deutlich genug gestellt.

Einführende Thesen

Von Günter Köpke, Direktor des Europäischen Gewerkschaftsinstituts (EGI)

1. Das Recht der Arbeit und soziale Sicherheit sollten grundlegende Rechte aller Arbeitnehmer und Arbeitnehmerinnen sein. Die Realität ist von diesem Ideal jedoch weit entfernt. Das heißt nicht, daß deshalb der Anspruch auf diese Forderungen aufgegeben werden sollte. Im Gegenteil, die tatsächlichen sozialen und politischen Verhältnisse erfordern umso stärker den Kampf um die Verwirklichung dieser Rechte.

   Noch immer sind rund 2 Millionen Menschen in der BR Deutschland arbeitslos. Nur die Hälfte von ihnen erhält noch Unterstützung aus der Arbeitslosenversicherung.

   In der EG sind nach wie vor 16 Mio. registrierte Arbeitslose, die tatsächliche Zahl der Arbeitslosen liegt noch um einige Millionen höher. In Westeuropa insgesamt sind fast 19 Mio. Arbeitslose registriert.

   Diese fortdauernde Massenarbeitslosigkeit stellt eine wirtschaftliche Vergeudung dar, sie ist sozial unerträglich, politisch gefährlich und für den einzelnen Arbeitslosen oft tragisch.

   Der Europäische Gewerkschaftsbund (EGB) hat seit Jahren diese Zustände angeprangert und gleichzeitig politische Strategien vorgelegt, die Arbeitslosigkeit abzubauen und das soziale Netz zu sichern.

2. Kein anderes europapolitisches Thema übte in den letzten Jahren eine derartige Faszination in der öffentlichen Debatte aus wie der Plan, bis Ende 1992 den Binnenmarkt der EG zu vollenden. Es ist zweifellos das große Verdienst des Präsidenten der EG-Kommission, Jacques Delors, daß er mit seiner Amtsübernahme Anfang 1985 der europäischen Integration eine neue Orientierung gab, die ihre Eigendynamik entwickelte.

   Die europäischen Gewerkschaften teilen die Auffassung von Delors, wenn er erklärt, daß der Vertrag der Einheitlichen Akte die Kommission bindet und nicht allein das Ziel des Binnenmarktes ohne Grenzen.

   Die Bedeutung der sozialen Dimension als fester Bestandteil der Einheitlichen Akte ist umso wichtiger, als im Weißbuch der EG-Kommission zur Vollendung des Binnenmarktes die soziale Komponente völlig ausgeklammert ist.

Der Verzicht auf die sozialen Aspekte der Verwirklichung der Ziele des Weißbuches hatte für die Arbeitnehmer und ihre Gewerkschaften weitreichende Folgen, an deren Auswirkungen wir heute noch leiden.

3. Diese Situation hat in der politischen Praxis der EG zu zwei verschiedenen Geschwindigkeiten geführt: Während im wirtschaftlichen Bereich die EG-Kommission mit Hochdruck arbeitet, um ihre Vorschläge für den Binnenmarkt in Form von Entwürfen von Richtlinien und Verordnungen dem Ministerrat termingerecht zur Beschlußfassung vorzulegen, schleicht die EG-Kommission im sozialen Bereich mit angezogener Bremse hinterher.

   Natürlich ist unbestritten, daß die EG im sozialen Bereich weit weniger Kompetenzen, weniger vertragliche Grundlagen und finanzielle Mittel hat, als in anderen Bereichen. Natürlich ist unbestritten, daß die sozialen Verhältnisse von Land zu Land sehr unterschiedlich sind. Aber dies darf nicht als Vorwand dienen, auf der Stelle zu treten und zu einer bequemen Abwartestellung führen, bis die Auswirkungen der Vollendung des Binnenmarktes im sozialen Umfeld voll durchschlagen.

4. Gelegentlich wird gesagt, die europäischen Gewerkschaften hätten geschlafen und den Zug verpaßt. Dieses leichtfertige Gerede entspricht nicht den Tatsachen. Bereits im Dezember 1985 verabschiedete der Exekutivausschuß des EGB eine Stellungnahme zum Binnenmarkt und zur sozialen Dimension, in der die europäischen Gewerkschaften ihre Grundsätze formulierten. Anfang 1988 beschloß der Europäische Gewerkschaftsbund ein detailliertes Sozialprogramm. In diesem EGB-Sozialprogramm werden zwei Wege und vier Ebenen zur Verwirklichung des Sozialraums aufgezeigt.

   In allen westeuropäischen Ländern fußt die Verwirklichung der Sozialpolitik auf zwei Elementen: Gesetzgebung und Verhandlung zwischen Arbeitgebern und Arbeitnehmervertretern: Beide ergänzen sich und müssen als eine Einheit gesehen werden. Das gilt auch für die europäische Ebene. Wir brauchen eine europäische Gesetzgebung durch Richtlinien und Verordnungen, und wir benötigen europäische Rahmenverträge.

5. Die Sicherung der wirtschaftlichen und sozialen Kohäsion bedeutet nicht, daß alle sozialpolitischen Regelungen in Europa zu vereinheitlichen sind. Angesichts der Unterschiede muß eine Politik durchgeführt werden, die zu einer schrittweisen Verringerung und Abschaffung der Unterschiede führt und das bestehende Sozialgefüge insgesamt anhebt. Nicht Deregulierung ist das Ziel, sondern sozialverträgliche Regulierung. In diesem Zusammenhang spielt der Begriff Harmonisierung eine zentrale Rolle.

   Die Gewerkschaften lehnen eine Harmonisierung nach unten oder auf einen Durchschnittswert kategorisch ab. Vom gewerkschaftlichen Standpunkt aus kann grundsätzlich nur eine Harmonisierung nach oben unterstützt werden mit gleichzeitigem Fortschritt. Das Ziel muß ein schnellerer Fortschritt der Länder mit den niedrigsten Lebens- und Arbeitsbedingungen sein, ohne daß die Länder mit den höchsten Bedingungen in ihrem weiteren Fortschritt behindert sind. Nur mit dieser Strategie läßt sich die Kluft in den sozialen Verhältnissen zwischen Portugal und Dänemark, zwischen Spanien und der BR Deutschland langsam schließen.

6. Die soziale Dimension des Binnenmarktes kann nicht nur durch das Mittel der Gesetzgebung beherrscht werden. Der EGB und seine Mitgliedsorganisationen messen daher vertraglichen Beziehungen und Abkommen zwischen Arbeitgebern und Gewerkschaften eine große Bedeutung bei, und zwar auf allen Ebenen, auf den Probleme anstehen. Auf europäischer Ebene heißt dies, daß der soziale Dialog auf der Spitzenebene zwischen EGB und europäischen Unternehmerverbänden wie UNICE nicht nur eine Plattform zum Austausch von Meinungen und zur Klärung von Positionen ist.

   Das Stadium der unverbindlichen gemeinsamen Erklärungen muß überwunden werden und zu verbindlichen Absprachen führen. Hier sind die Arbeitgeber gefordert, wenn sie ernsthaft für die soziale Dimension des Binnenmarktes eintreten.

   Die bisherigen Ergebnisse des sozialen Dialogs waren nicht geeignet, Vertrauen der Arbeitnehmer in die Ernsthaftigkeit der Arbeitgeber zu setzen. Mit der Verweigerung der Arbeitgeber, verbindliche Absprachen zu verhandeln, verstärkte sich die Vermutung, daß der soziale Dialog in seiner bisherigen Form nur eine Alibi-Funktion hat, nicht zuletzt auch, um sozialpolitisch relevante Richtlinien und Verordnungen auf europäischer Ebene zu verhindern. Der soziale Dialog ist aber weder eine Alternative, noch ein Ersatz für eine europäische Sozialgesetzgebung.

   Die europäischen Gewerkschaften fordern die Ausdehnung eines echten sozialen Dialogs auch auf die europäischen Branchen. Dieser soziale Dialog muß darüber hinaus seine Fortsetzung finden innerhalb der transnationalen europäischen Unternehmen.

7. Gesetzliche wie vertragliche Regelungen auf europäischer Ebene müssen das soziale Netz für die europäischen Arbeitnehmer und Arbeitnehmerinnen zusätzlich absichern, wenn es den Stürmen der verschärften Konkurrenz in Europa infolge der Verwirklichung des Binnenmarktes standhalten soll.

   In diesem Zusammenhang gewinnt deshalb der Grundgedanke eines sozialen Sockels für alle europäischen Arbeitnehmer und Arbeitnehmerinnen einen wichtigen Stellenwert. Dieser soziale Sockel muß ein Fundament sozialer Grundnormen und Mindeststandards werden, der Sicherheit und Solidarität schafft.

   Der Vorentwurf einer Gemeinschaftscharta der sozialen Grundrechte, den die Kommission Mitte 1989 beschloß, erfüllt jedoch nicht die Erwartungen der europäischen Gewerkschaften.

Bericht aus der Arbeitsgruppe 1

Von Wolfgang Böhm, Dortmund

1. System der sozialen Sicherheit in der EG

Nirgendwo stellen die Staaten der Gemeinschaft sich bunter und disparater und deswegen auch harmonisierungsresistenter dar als bei den Systemen der sozialen Sicherheit. Im Hinblick auf ihre Organisation, ihre Leistungen und ihre Finanzierung ist unter den 12 EG-Ländern kein gemeinsamer Nenner auszumachen. So wurde z.B. darauf hingewiesen, daß Sozialleistungen in Dänemark überwiegend aus Steuern finanziert werden, und zwar vornehmlich mit extrem hohen Alkohol- und Luxussteuern. In der Bundesrepublik Deutschland ist hingegen das Beitrags- bzw. Umlageprinzip und damit der Versicherungsgedanke stark ausgeprägt.

Selbst kleinste Änderungen im System der sozialen Sicherheit stoßen auf besonders hartnäckigen Widerstand der Betroffenen. Denn wie immer das System auch ausgestaltet sein mag, der einzelne hat ziemlich genaue Vorstellungen darüber, mit welchen Leistungen er z.B. bei Krankheit oder Erwerbslosigkeit, bei Invalidität oder im Alter ungefähr rechnen kann. Diese hohe Berechenbarkeit sozialer Leistungen in existenziell wichtigen Lebenslagen wird erkauft durch ausgeprägte Kontinuität, weniger freundlich ausgedrückt: durch weitgehende Verkrustung der jeweiligen Strukturen.

Am Beispiel der sog. Gesundheitsreform in der Bundesrepublik Deutschland wurde verdeutlicht, daß selbst Leistungseinschränkungen, die weit entfernt sind von einem Prinzipien- oder Systemwechsel, unter den Betroffenen große Verunsicherung und Empörung auslösen. Deshalb sei kaum zu erwarten, daß Politiker es wagen würden, ihren Wählern grundlegende Änderungen des jeweiligen nationalen Sozialsystems zuzumuten, um dadurch dem — häufig von denselben Politikern geforderten — „Sozialraum Europa" näherzukommen.

Lebhaft widersprochen wurde dieser Einschätzung allerdings von deutschen Gewerkschaftern: Rigoroser Sozialabbau in der Bundesrepublik Deutschland seit 1982 habe das sog. System der sozialen Sicherheit derartig demontiert und diskreditiert, daß es die behauptete Sicherungsfunktion nicht mehr erfülle. Das bestehende System „sozialer Unsicherheit" könne deshalb bei der Schaffung des „Sozialraums Europa" getrost zur Disposition gestellt werden.

Übereinstimmung bestand jedoch darüber, daß diese Position in der Gemeinschaft unter Gewerkschaftern und Sozialpolitikern nicht als konsens- oder auch nur mehrheitsfähig angesehen werden könne. Dänische und britische, französische und italienische Bürger vertrauen offenbar stärker als deutsche auf ihre gewachsenen und damit für sie überschaubaren Sozialsysteme. Übereinstimmend wurde es deshalb für ausgeschlossen gehalten, daß es in der Gemeinschaft in absehbarer Zeit zu einer Angleichung der Sozialstrukturen und -bedingungen kommen wird.

2. Recht der Arbeit in der EG

Nachdem in der Diskussion ziemlich bald „Fehlanzeige" konstatiert wurde, was die Chancen auf eine Harmonisierung der Sozialsysteme in der EG anlangt, trat vor allem das Arbeitsrecht in den Mittelpunkt der Betrachtungen.

Die erste Feststellung war: Der Istzustand im Hinblick auf europäische Gemeinsamkeiten hebt sich nur unwesentlich von dem ab, was in Bezug auf das Sozialrecht gesagt wurde. Es gibt nur ganz punktuell arbeitsrechtliche Regelungen als Gemeinschaftsrecht, wie z. B. die Lenkzeiten im grenzüberschreitenden Verkehr. Im Bereich des Arbeitsschutzrechts ist einiges auf den Weg gebracht. Aber gemessen an der ganzen Breite des Arbeitsrechts — vom Vertragsrecht über die Betriebsverfassung und das Tarifrecht bis hin zum staatlichen Arbeitsschutz — sind das eher Marginalien. Die Chancen, daß sich dies ändern könnte, wurden allerdings wesentlich positiver eingeschätzt als beim Sozialrecht. Es wurde darauf hingewiesen, daß Termine gesetzt seien, an denen Entscheidungen fallen müßten. Welche — das wagte niemand zu prognostizieren.

Das provozierte die Frage, warum nicht das „Ja" zum Binnenmarkt von den Gewerkschaften von einem „Ja" zu einer Europäischen Sozialcharta abhängig gemacht worden sei. Als Jaques Delors, selber Gewerkschafter, selber Sozialist, 1985 das berühmte Weißbuch vorgelegt habe, sei die Frage an die Gewerkschaften nicht gewesen, zu welchen Bedingungen sie den Binnenmarkt wollten. Die Frage habe gelautet, ob man in einer gemeinsamen Anstrengung das Machbare, den Binnenmarkt anvisieren wolle oder der sich abzeichnenden „Eurosklerose" tatenlos zusehen wolle. Da selbst unter Skeptikern der Dynamik eines Binnenmarktes die Schaffung von 1 - 2 Millionen zusätzlicher Arbeitsplätze zugetraut wurde, hatten die Gewerkschaften keine wirkliche Alternative. Alles (Binnenmarkt und Sozialcharta) oder nichts — dieses Spiel heißt Hasard, und das darf und will keine Gewerkschaft spielen.

Damit war eines der brisantesten Themen dieser Arbeitsgruppe angesprochen: die Arbeitslosigkeit als nationales und europäisches Problem. Das Ergebnis war einigermaßen deprimierend. Die Einheitliche Europäische Akte scheint nur eine Option zur Bekämpfung von Massenarbeitslosigkeit zu verheißen, nämlich die Dynamik des Europäischen Binnenmarktes und das heißt: mehr Wachstum.

Selbstverständlich kam vor allem von jüngeren Gewerkschaftern der Einwand, daß in einer in ihrem eigenen Müll erstickenden Welt die Forderung nach Wachstum ein Rezept sei, bei dem tödliches Gift als heilende Medizin ausgegeben werde.

Das zweite beherrschende Thema war die in vielen Ländern der Gemeinschaft zu beobachtende Deregulierung der Arbeitsbeziehungen, z. B. durch Zulassung von Arbeitnehmerüberlassung, befristeten Arbeitsverträgen, Wochenendarbeit usw. Viele Gewerkschaften erhoffen hier massive Einschränkungen der arbeitsorganisatorischen Gestaltungsmöglichkeiten (z. B. bei Flexi-Arbeit und KAPOVAZ) durch den europäischen Gesetzgeber. Zugleich befürchten sie, daß wenig geschehen werde, solange für arbeitsrechtliche Regelungen durchweg noch immer das Erfordernis der Einstimmigkeit gelte.

Ganz anders sah dies Klaus Adomeit: Nach seiner Meinung ist das deutsche Arbeitsrecht, sind die Arbeitsbeziehungen hierzulande erstarrt und verkrustet. Gerade wenn sich daran bis zum 31.12.1992 nichts tue, folge daraus praktisch sehr viel. Bei freiem Kapitalverkehr, freiem Warenverkehr, freiem Dienstleistungsverkehr bestehe dann die Möglichkeit, hierzulande zu desinvestieren, um woanders zu investieren. Dem wurde entgegengehalten, daß die ständige Wiederholung dieser hinlänglich bekannten Arbeitgeberargumente sie nicht überzeugender mache; denn Investitionsfreiheit im Rahmen der EG bestehe heute schon. Wer in der Bundesrepublik unternehmerisch tätig sein wolle, müsse sich eben an die in der Bundesrepublik geltenden „Spielregeln" halten. Um so mehr sei zu verurteilen, daß die Unternehmer schon mit der Drohung, Arbeitsplätze in das Ausland zu verlegen, versuchten, Arbeitnehmer, Betriebsräte und Gewerkschaften einzuschüchtern.

Adomeit räumte ein, daß die Verlagerung eines Bergwerkes oder einer Eisenhütte schon aus technischen Gründen nicht möglich sei. Dagegen sei die Verlagerung einer Chipsfabrik wohl eher eine Frage der Frachtraten, die Verlagerung von Forschung, Entwicklung und Rechnerleistung eher von den Kommunikationskosten bestimmt. Adomeit fragte weiter, wer denn wohl den Mut habe, auszutesten, ob ein Unternehmer seine Drohung, in ein EG-Land auszuweichen, wirklich ernst mache, falls ihm eine flexible oder kontinuierliche Produktion in der Bundesrepublik unmöglich gemacht werde. Können Betriebsräte, Gewerkschaften oder gar Politiker das wirklich verantworten? Wer immer sich über die Ernsthaftigkeit der Drohung irren sollte, bezahlt werden müßte dieser Irrtum auf jeden Fall und allein von den Arbeitnehmern, die ihren Arbeitsplatz verlieren.

Auf die Frage an Prof. Adomeit, was er denn an konstruktiven Handlungsempfehlungen anzubieten habe, kam die unbeirrte Antwort: Flexibler werden. Unser Arbeitsrecht müsse sich eben europäischem Standard anpassen und gelenkiger werden. Auf mehrfache Rückfragen beteuerte Klaus Adomeit, daß er dies nicht nur vortrage, um zu provozieren, sondern wirklich ernst meine. Flexibel sein bedeute für ihn nichts Böses oder Negatives. Flexibilität sei in einer

Wettbewerbswirtschaft geradezu Überlebensbedingung für das einzelne Unternehmen, aber auch für das Gesamtsystem.

Dem wurde entgegengehalten, daß hier Ursache mit Wirkung verwechselt würde. Arbeitnehmer seien primär nicht an Marktwirtschaft und auch nicht an Flexibilität interessiert, sondern an sicheren und humanen Arbeitsplätzen. Wenn die Marktwirtschaft dies nicht garantieren könne, müsse sie eben zur Disposition gestellt werden. Da die marktwirtschaftliche Ordnung vermutlich jedoch nicht in absehbarer Zeit durch eine gerechtere Wirtschaftsordnung ersetzt werden könne, müßten für eine Übergangszeit deshalb wenigstens arbeits- und sozialrechtliche Mindestbedingungen festgeschrieben werden, eben eine europäische Sozialcharta als rechtlich verbindliche Garantie für das, was bei allem marktwirtschaftlichen Wildwuchs im Interesse der Arbeitnehmer in den zwölf Mitgliedsländern zu beachten sei.

Klaus Adomeit wäre nicht Klaus Adomeit, hätte er nicht auch hier gegengehalten: Wem soll eine solche Festschreibung von Mindestarbeitsbedingungen eigentlich dienen? Dem deutschen Arbeitnehmer — meinte er — vermutlich herzlich wenig; denn die Festschreibung von Mindestarbeitsbedingungen würde für die, denen es relativ besser gehe, keine angebbare Bedeutung haben. Ob man wirklich dem irischen Arbeitslosen oder dem griechischen Landarbeiter damit diene, wolle er bezweifeln. Denn wenn die dort bestehenden Arbeitsbedingungen auch nur in etwa auf bundesdeutsches Niveau angehoben würden, verlören diese Länder und damit auch ihre Arbeitnehmer den sicherlich recht odiosen, aber derzeit einzigen Wettbewerbsvorteil, die niedrigeren Produktionskosten. Das solle man aber lieber die irischen oder griechischen Arbeiter entscheiden lassen, statt Mindestarbeitsbedingungen vollmundig zu einer „europäischen" Forderung zu erheben. Nach seiner Einschätzung würde die Festschreibung von Mindestarbeitsbedingungen in einer verbindlichen europäischen Sozialcharta am Ende eher den „Reichen" nützen, also den Dänen, Belgiern und Deutschen. Zu hohe Mindestnormen würden nämlich dann dazu führen, daß in den Ländern der europäischen Peripherie tatsächlich nicht mehr investiert würde. Wohltat würde so zur Plage.

Günter Köpke vom Europäischen Gewerkschaftsinstitut in Brüssel brachte die sehr emotionsgeladene Diskussion auf den Boden der europapolitischen Realität zurück mit dem Hinweis, daß überhaupt nicht ausgemacht sei, ob und mit welchem Inhalt eine europäische Sozialcharta kommen werde. Im Augenblick sei alles möglich: Von der Nullösung (bis 1993 geschieht gar nichts) über eine feierliche Erklärung, die lediglich eine moralische Inpflichtnahme sozialverantwortlicher Unternehmer bedeuten würde, bis hin zu der Möglichkeit, daß unter öffentlichem Druck die britische Regierung den Weg frei macht für eine verbindliche europäische Sozialcharta.

Was tun, wenn man handlungsfähig bleiben und nicht auf andere warten wolle. Nach Köpke müßten die Gewerkschaften selbst die Fragen anpacken und versuchen, Vereinbarungslösungen herbeizuführen, wenn obrigkeitliche Regelungen nicht in Sicht seien. Aber wer hier etwas erreichen wolle, müsse frei von Illusionen sein und viel Geduld mitbringen. Denn es habe allein drei Jahre gedauert, um beginnend mit tastenden Vorgesprächen schließlich ein Minimum an gemeinsamen Zielen unter den europäischen Gewerkschaften festzuschreiben, nämlich im Stockholmer Protokoll vom Mai 1988. Es werde mit Sicherheit noch lange dauern, bis all das, was mit Flexibilisierung verbunden ist (Nacht- und Schichtarbeit, Samstags- und Sonntagsarbeit, Teilzeitarbeit, befristete Arbeitsverträge, KAPOVAZ), in europäischen Tarifverträgen geregelt sei. Noch seien weder auf Arbeitgeber- noch auf Gewerkschaftsseite die Vertragspartner vorhanden, die europaweite Tarifverträge abschließen könnten. Und wie sollen europäische Tarifverträge überhaupt aussehen? Sollen es Rahmentarifverträge sein, die durch nationale Tarifverträge umgesetzt und konkretisiert werden müßten? Sollen — ähnlich wie bei bundesdeutschen Tarifbewegungen — nationale Gewerkschaften die Vorreiterrolle übernehmen, damit europaweit nachgezogen werden kann? Fragen über Fragen.

Damit war — fast zur Erleichterung aller Referenten und Diskussionsteilnehmer — aber schon ein Thema angesprochen, über das die Arbeitsgruppe 3 sich Gedanken machen sollte, nämlich: Gewerkschaftsorganisation(en) und Tarifverträge im Binnenmarkt.

Arbeitsgruppe 2

Unternehmensverfassung — Mitbestimmung — Wettbewerb

Unternehmensverfassung und Mitbestimmung auf der Ebene der Europäischen Gemeinschaften

Von Karl Gleichmann, Brüssel

1. Unter Unternehmensverfassung ist die Gesamtheit der Regeln zu verstehen, die der Erfassung der gesellschaftlichen Veranstaltung „Unternehmen" dienen. Diese Regeln können auf Gesetz oder/und auf vertraglicher Vereinbarung beruhen. Sie umfassen die rechtliche Struktur (gesellschaftsrechtliche Form), sie legen die Leitungsstrukturen fest, regeln die Zusammensetzung der Organe und beziehen die im Unternehmen wirkenden Faktoren bei der Gestaltung seiner Tätigkeit ein: investiertes Kapital, Management und Arbeitnehmer. Letztere wirken in den Leitungsorganen mit und werden gegenüber ihnen zudem durch eigenständige Interessenvertretungen (Betriebsräte) repräsentiert.

2. Die deutlichste Ausbildung einer solchen Unternehmensverfassung auf der Ebene der Gemeinschaft findet sich in dem (geänderten) Verordnungsvorschlag für Europäische Aktiengesellschaften aus dem Jahre 1975. Diese Verfassung beruht maßgeblich auf Empfehlungen, die das Europäische Parlament mit sehr großer Mehrheit verabschiedet und der Kommission zugeleitet hatte. Mit ihr sollte den Unternehmen in Europa ein Rahmen zur Verfügung gestellt werden, der es ihnen ermöglichte, sich überall in der Gemeinschaft unter gleichen rechtlichen Bedingungen niederzulassen und in gleicher Weise zu strukturieren. Die Europäische Gesellschaft sollte den Unternehmen zusätzlich zu den bestehenden nationalen Instrumenten als Option zur Verfügung stehen. Sie war für die Lösung wirtschaftlicher Aufgaben gedacht, die mit den nationalen Instrumenten nicht oder nicht so gut bewirkt werden konnten. Zugleich aber sollte dieses Statut eine Vorstellung vermitteln darüber, wie nach Auffassung der damals amtierenden Kommission und nach Überzeugung des Europäischen Parlaments moderne europäische Unternehmen verfaßt sein sollten.

   Dieses Statut ist seiner rechtlichen Struktur nach eine Aktiengesellschaft. Die Leitungsorgane waren institutionell in Vorstand und Aufsichtsrat getrennt. Im Aufsichtsrat waren Kapital und Arbeitnehmer paritätisch zu je einem Drittel vertreten, das letzte Drittel war von ihnen zu kooptieren. Die Arbeitnehmer wurden zudem durch einen Europäischen Betriebsrat repräsentiert, der neben den nationalen entsprechenden Institutionen eigene Befugnisse hatte. Dieser Europäische Betriebsrat konnte bei der Entscheidungsfindung im Unternehmen nach im Statut festgelegten Regeln mitwirken.

Die Beratungen dieses Textes waren im Ministerrat 1982 ins Stocken geraten. In der damaligen politischen Situation — maßgeblich beeinflußt durch die wirtschaftliche Entwicklung in den 70iger Jahren — war ein solches Konzept nicht vermittelbar und politisch nicht durchzusetzen.

3. Ein neuer Anlauf wurde nunmehr nach Änderung der politischen Bedingungen genommen. Im Rahmen der Bemühungen, den Binnenmarkt bis 1992 zu vollenden, erhielt die Idee der Schaffung einer solchen Rechtsform neues Leben. Die Kommission hat 1989 neue Vorschläge vorgelegt, für die sie hofft, die politische Zustimmung der Mitgliedsstaaten zu bekommen. Diese Vorschläge weichen allerdings von den früheren Vorstellungen weit ab. Deren eigenständiger Charakter ist zugunsten nationaler Vorstellungen und nationaler Rechte stark gemindert worden.

4. Die verstärkten Bemühungen zur Schaffung eines einheitlichen Wirtschaftsgebiets haben auch eine Betonung der sozialen Dimension dieser Unternehmung zur Folge gehabt. Die Verabschiedung der Europäischen Sozialcharta durch die Staats- und Regierungschefs im Dezember 1989 ist ihr Ausdruck. Zwar hat sie keinen zwingenden Charakter, sie ist aber politisch von Bedeutung für die Verwirklichung der zahlreichen konkreten, rechtlich bindenden Maßnahmen, die von der Kommission vorgeschlagen werden. Gegenstand der in der Charta vorgesehenen Maßnahmen ist allerdings nicht die Gestaltung einer Unternehmensverfassung.

5. Für die Schaffung der Grundlagen zur Angleichung der sozialen Bedingungen in den verschiedenen Mitgliedsstaaten ist die Institution des „Sozialen Dialogs", an dem neben hohen Vertretern der Sozialpartner (Arbeitgeber und Arbeitnehmer) auch Repräsentanten der Kommission teilnehmen, von besonderer Bedeutung. Im Rahmen dieses Dialogs dürfte es am ehesten möglich sein, die unterschiedlichen Auffassungen und Standpunkte über die Stellung und die Beziehungen der Sozialpartner zueinander anzunähern. Auf einer so gefundenen Grundlage könnten dann auch Regelungen gefunden werden, die heute noch schwer vermittelbar sind, weil es an einer gemeinsamen Basis fehlt. Das gilt beispielsweise für die sog. „Vredelingrichtlinie" über die Anhörung und Konsultation von Arbeitnehmern in Unternehmen mit komplexer Struktur, insbesondere multinationalen Unternehmen, deren Beratung vom Ministerrat vor einigen Jahren unterbrochen wurde, weil ein Konsens über die dort behandelten Fragen nicht möglich war. Dieser Dialog könnte aber auch hilfreich sein für die Bemühungen im Bereich des Gesellschaftsrechts für die Schaffung gleichwertiger Strukturen und gleichwertiger Zusammensetzung der Leitungsorgane der nationalen Aktiengesellschaften.

Annäherungsbemühungen im sozialen Bereich sind sehr schwierig und langwierig. Sie sind nicht technischer Natur, sondern können nur in einem Prozeß vollzogen werden, der auch die Änderung der Mentalitäten mit einbezieht. Das gilt in ganz besonderem Maße für Fragen im Zusammenhang mit der Beteiligung der Arbeitnehmer am Entscheidungsprozeß im Unternehmen, wie man unter Vermeidung des „nicht sehr glücklichen" (Kunze) und zudem mißverständlichen Begriffs „Mitbestimmung" diesen Problemkreis besser umschreiben sollte.

Konzentration — Wettbewerb — Mitbestimmung

Von Klaus Schmitz, Düsseldorf

Der Binnenmarkt führt zu einem international vertstärkten nationalen und grenzüberschreitenden Konzentrationsprozeß (siehe EG-Wettbewerbsbericht).

Dieser Vorgang muß differenziert bewertet werden.

— Im Vergleich zu den USA und Japan gibt es in Europa in den meisten Branchen einen relativ geringen Konzentrationsgrad.

— In einzelnen Branchen — z. B. Elektrotechnik, Schienenfahrzeugbau, Anlagenbau, Banken und Versicherungen — sind Kooperationen und Zusammenschlüsse sinnvoll, um über optimale Unternehmensgrößen dem weltweiten Wettbewerb besser standhalten zu können.

— Die Unternehmen in Europa sind weitgehend national orientiert. Insbesondere im mittleren Unternehmensbereich sind aus Gründen der Markterschließung grenzüberschreitende Kooperationen und Zusammenschlüsse erforderlich.

— Ohne eine strikte Wettbewerbsregelung droht eine wildwüchsige Welle von Zusammenschlüssen, aller Voraussicht nach sogar unter amerikanischer und japanischer Federführung.

Maßstab für die Marktbeherrschung darf nicht nur die EG sein, sondern muß genauso der nationale Markt sein. Deswegen lehnt der DGB Fusionen — vergleichbar Daimler Benz/MBB — wegen ihrer gravierenden nationalen Auswirkungen ab.

1. Schlußfolgerungen

a) Kooperation und Zusammenschlüsse können ein sinnvoller Beitrag zu einer aktiven Strukturpolitik sein.

b) Zusammenschlüsse dürfen jedoch nur im Rahmen strikter wettbewerbsrechtlicher Regelungen erfolgen. Der hierzu von der Kommission vorgelegte Verordnungsvorschlag zur Kontrolle von Unternehmenszusammenschlüssen reicht bei weitem nicht aus.

c) Trotz des notwendigen Vorrangs von EG-Wettbewerbsrecht bei Zusammenschlüssen großer Unternehmen muß bei relevanten Auswirkungen auf die nationale Wettbewerbsordnung nationales Wettbewerbsrecht weiterhin gelten.

2. Konzentration und Mitbestimmung

Die Kommission versucht, auch über gesellschaftsrechtliche Harmonisierungsvorschläge Zusammenschlüsse zu fördern. Hervorzuheben sind hier insbesondere:

— 10. Richtlinie zu Verschmelzungen von Unternehmen,

— Europäische Aktiengesellschaft.

In diesem Zusammenhang geht es für die Gewerkschaften insbesondere um die Auswirkungen auf Gewerkschafts- und Arbeitnehmerrechte (insbesondere Mitbestimmung).

Der vorgelegte Vorschlag von der Kommission zur *10. Richtlinie* wird von den Gewerkschaften abgelehnt. Hier stellen sich insbesondere Fragen im Zusammenhang mit den Rechten der Arbeitnehmer des bei der Verschmelzung untergehenden Unternehmens. Die Fragen betreffen die Geltung des Arbeitsrechts, die Geltung bestehender Tarifverträge, die Auswirkungen auf Tarifverhandlungen und Arbeitskämpfe sowie auf die Arbeitnehmervertretung.

Der Vorschlag der Kommisssion zur *Europäischen Aktiengesellschaft* (Memorandum) wurde von den Gewrkschaften unter bestimmten Vorbehalten begrüßt. Im Gegensatz zur 10. Richtlinie handelt es sich hier um ein fakultatives Modell, das neben schon bestehenden nationalen Rechtsformen angewandt werden kann. Die im Kommissionsvorschlag vorgeschlagenen Modelle zur Mitbestimmung können von den Gewerkschaften akzeptiert werden, sofern sichergestellt wird, daß die Modelle gleichrangige Mitbestimmungsmöglichkeiten umfassen. Entscheidend für die Gewerkschaften ist jedoch, daß die Gründung einer Europäischen Aktiengesellschaft nur auf der Basis des Konsens zwischen Arbeitnehmervertretern und Unternehmensleitung erfolgen kann.

Auch bei *heutiger Rechtslage* ergeben sich jedoch durch den zunehmenden grenzüberschreitenden Konzentrationsprozeß faktische Verluste bei der Mitbestimmung. Dies hängt in erster Linie damit zusammen, daß die tatsächliche Entscheidungszentrale oftmals jenseits der nationalen Grenze sitzt und dem Arbeitnehmereinfluß damit entzogen wird. Die Mitbestimmung auf nationaler Ebene bleibt damit oftmals nur eine formale Hülse. Probleme wie

— Verlagerung von Produktion im Konzern,

— Verschiebung von Investitionsschwerpunkten auf andere Konzernteile,

— Rationalisierungen,

— Stillegungen einzelner Konzernteile,

— Verlagerung der Konzernzentrale in ein anderes Land der Gemeinschaft,

— Veränderung bei der Arbeitsorganisation und Arbeitszeitregelung durch Übernahme ausländischer Modelle, sind dann auf nationaler Ebene oftmals nicht zu bewältigen. Deshalb schlagen die Gewerkschaften vor, daß zumindest ein *Informations- und Beratungsgremium* für grenzüberschreitende Unternehmenszusammenschlüsse auf der Ebene der Konzernzentrale geschaffen wird. Dieser Arbeitnehmerausschuß — vergleichbar unserem Wirtschaftsausschuß — sollte sich aus Arbeitnehmervertretern aus allen dem Konzern zugehörigen Betrieben zusammensetzen.

Bericht aus der Arbeitsgruppe 2

Von Perygrin Warneke, Dortmund

Die Referenten Klaus Schmitz und Dr. Carl Gleichmann teilten in Abstimmung mit den Teilnehmern der Arbeitsgruppe das Thema in die Bereiche auf:

— Konzentration und Wettbewerb

— Unternehmensverfassung und Mitbestimmung.

Das Gesamtergebnis der Diskussion läßt sich in dem Satz zusammenfassen: Der Geist von Europa hat viele beglückt, aber die Wettbewerbshüter und die Mitbestimmer in Europa noch nicht beseelt.

I. Konzentration und Wettbewerb

Die zwölf Staaten der Europäischen Gemeinschaft werden sich 1992 zum größten Wirtschaftsraum der Welt zusammenschließen. Mit 340 Mio. Einwohnern liegt dann die EG vor den Vereinigten Staaten (249 Mio. Einwohner) und Japan (124 Mio. Einwohner). Allerdings beträgt die Kaufkraft der Amerikaner umgerechnet 3,045 Mrd. Ecu (etwa 6,333 Mrd. DM) jährlich, während die Europäer über 2,605 Mrd. Ecu und die Japaner über 1,530 Mrd. Ecu verfügen. Nach Inkrafttreten der Einheitlichen Europäischen Akte (EEA) trifft die Gemeinschaft die erforderlichen Maßnahmen, um bis zum 31. Dezember 1992 schrittweise einen Binnenmarkt ohne Binnengrenzen zu verwirklichen, „in dem der freie Verkehr von Waren, Personen, Dienstleistungen und Kapital ... gewährleistet ist".

So unstrittig die Ziele des EG-Binnenmarktes — Schaffung zusätzlicher Arbeitsplätze, Stärkung der Wettbewerbsfähigkeit — sind, so unterschiedlich wurden die Maßnahmen zur Realisierung der Ziele beurteilt. Während einerseits unter dem Stichwort „Harmonisierung" einheitliche Bestimmungen durch Vorgaben von Behörden und Tarifpartnern erwünscht seien, bestehe andererseits die Vorstellung, möglichst viel dem Wettbewerb zur Koordination zu überlassen. Es bestand Einigkeit mit den Referenten darüber, daß der Binnenmarkt den Konzentrationsprozeß fördern werde. Gegenwärtig vollziehe sich der Konzentrationsprozeß vorrangig auf nationaler Ebene. Im Vergleich zu japanischen und amerikanischen Unternehmen bestehen in Europa relativ geringe Konzentrationsgrade, wenn man von Ausnahmen in Chemie- und Kraftfahrzeugbereichen absehe, in anderen Branchen, wie z. B. in der Elektrotechnik, dem

Schienenfahrzeugbau, bei den Banken und Versicherungen seien Zusammenschlüsse sogar erwünscht, um internationale Wettbewerbsfähigkeit überhaupt zu gewährleisten. Ausländische Unternehmen versuchen durch Beteiligungserwerb auf dem Binnenmarkt präsent zu sein. Großbritannien gewähre dabei besondere Bedingungen. Stichwort: Sozialdumping.

Diskutiert wurde, inwieweit der Standort-Wettbewerb zu Lasten der Arbeitnehmer und der sozialen Sicherung ausgetragen werde. Aus Sicht der Unternehmer bemesse sich die Güte eines Wirtschaftsstandortes nach den Investitionsmöglichkeiten, der Infrastruktur, den steuerlichen Belastungen, den benötigten Arbeitnehmern. Parameter unternehmerischer Standortentscheidungen sind Arbeitskosten, Steuerbelastungen, Arbeitszeitvorschriften u. a. In diesem Zusammenhang wurde darauf aufmerksam gemacht, daß Investitionen und Arbeitsplätze nicht ausschließlich durch Kosten beeinflußt seien. Maßgeblich seien ebenso Ertragsgrößen, wie z. B. leistungsfähige Infrastrukturen, Qualifikationen der Arbeitnehmer. Entscheidend sei, Kosten und Leistungen, Aufwendungen und Erträge in angemessener Weise zu berücksichtigen, um Anpassungen durch den Wettbewerb zu vermeiden. Ohne eine strikte Wettbewerbsregelung drohten Zusammenschlüsse unter amerikanischer und japanischer Leitung mit gravierenden Auswirkungen für den Europäischen Markt.

Kernstück einer europäischen Wettbewerbsordnung müsse eine EG-Fusionskontrolle sein, um strukturellen Verzerrungen durch nichtkontrollierte Unternehmenszusammenschlüsse innerhalb der EG vorzubeugen. Plädiert wurde für ein zweistufiges Verfahren, das die wettbewerbsrechtliche Seite von einer Prüfung der Ausnahmekriterien trennt. Diese Zweistufigkeit nach deutschem Vorbild sollte auch im europäischen Wettbewerbsrecht realisiert werden. Die materiellen Prüfungskriterien der europäischen Fusionskontrolle sollten sich analog dem deutschen Recht an der Entstehung oder Verstärkung einer marktbeherrschenden Stellung orientieren. Die Eingriffskriterien sollten eine eindeutige wettbewerbspolitische Orientierung haben. Der europäische Markt benötige annähernd gleiche rechtliche Rahmenbedingungen.

Eine umfassende europäische Fusionskontrolle sei notwendig, weil nur wenige Mitgliedsstaaten der Gemeinschaft derzeit über eine nationale Fusionskontrolle verfügten. Für kleinere oder rein nationale Zusammenschlüsse solle weiterhin nationales Recht gelten. Vorgeschlagen wurde, eine nationale Genehmigungspflicht vorzusehen, wenn zwei Drittel des Gesamtumsatzes der sich zusammenschließenden Unternehmen in einem Mitgliedstaat anfielen.

Der von der Kommission vorgelegte Verordnungsvorschlag zur Kontrolle von Unternehmensübernahmen und -zusammenschlüssen reicht nach der Auffassung der Diskutanten nicht aus. Zwar sicherten große und leistungsfähige Unternehmen Arbeitsplätze, aber eine wirksame Wettbewerbskontrolle erfordere neben nationalen Regelungen auch europäische Lösungen.

Nach dem Anfang 1988 vorgelegten Cechini-Bericht (Cechini, P., Europa 1992, Der Vorteil des Binnenmarktes, Baden-Baden 1988, gekürzte Fassung) wird durch den vorgesehenen Abbau von Marktsegmentierungen und der damit verbundenen Dynamik der Marktintegration ein zusätzliches Wachstum des Bruttosozialproduktes der Gemeinschaft von etwa vier bis sieben Prozent zu erwarten sein. Der Abbau nichttarifärer Handelsbarrieren werde Kostensenkungen für die Wirtschaft zur Folge haben. Unternehmen könnten dadurch ihre Kosten senken, daß sie kostengünstige Standorte nutzen. Die Größenvorteile (economics of scale) würden dabei maßgeblich die Wettbewerbsposition beeinflussen, z.B. Stückkostensenkungen durch steigende Umsätze. Die Abschaffung der Binnengrenzen werde wesentliche Änderungen der Industriestrukturen innerhalb der Gemeinschaft bewirken.

Die Diskutanten betonten daher die Notwendigkeit von Instrumenten zur Strukturkontrolle. Konzentrationen, die marktbeherrschende Stellungen von Unternehmen begründen, seien wettbewerbsschädlich.

Im März dieses Jahres hat die Kommission der Europäischen Gemeinschaft die Änderung eines Vorschlags einer Verordnung des Rates über die Kontrolle von Unternehmenszusammenschlüssen beschlossen und dem Rat vorgelegt. Die Versuche der Kommission, einen Beitrag zur Errichtung eines Regelungssytems zu leisten, das den Wettbewerb innerhalb des gemeinsamen Marktes vor Verfälschungen schützt, waren früher nicht erfolgreich. Die Gründe für die mangelnde Bereitschaft des Rates, eine wirksame Fusionskontrolle auf europäischer Ebene einzuführen, lassen sich durch die unterschiedlichen Zielvorstellungen zwischen Wettbewerbs- und Industriepolitik erklären.

Die Mitgliedsstaaten, die in der Förderung der Unternehmenskonzentration ein wichtiges Mittel wirtschaftlichen Wachstums und internationaler Wettbewerbsfähigkeit sahen, waren nicht bereit, dieses Instrument auch nur teilweise der Kontrolle der EG-Kommission zu unterstellen.

Durch die Entscheidung des Europäischen Gerichtshofes vom 17. November 1987 in Sachen BAT/Reynolds ./. Kommission (EuGH Rs 142/184 und 156/84 DB 1988, Seite 1644) hat der Gerichtshof den Anwendungsbereich der Artikel 85, 86 EWG-Vertrag auf Konzentrationsvorgänge auf europäischer Ebene weiter ausgedehnt. Die zukünftige Verordnung soll von folgenden Leitlinien ausgehen:

— Beschränkung der Kontrolle auf große Zusammenschlüsse von gemeinschaftsweiter Bedeutung

— Möglichkeit unter Beachtung der Grundsätze von Art. 85 Abs. 3 EWG-Vertrag Ausnahmen vom Zusammenschlußverbot zu gewähren

— zwingende vorherige Anmeldung von Fusionsvorhaben

— enge und stetige Zusammenarbeit zwischen Kommisssion und Mitgliedsstaaten, um eine schnelle Abwicklung des Verfahrens sicherzustellen.

In der Diskussion wurde ein uneingeschränkter Vorrang der europäischen Fusionskontrolle als wünschenswert angesehen, denn die Verfolgung einer nationalen Interessen dienenden Wettbewerbspolitik führe zu Wettbewerbsverzerrungen.

II. Unternehmensverfassung und Mitbestimmung

Die politische Integration Europas bedingt die Einbeziehung der Sozial- und Gesellschaftspolitik, insbesondere soziale Grundnormen und die Mitbestimmung.

Die Unternehmensverfassung regelt, welche vertraglichen und/oder gesetzlichen Regelungen zur Festlegung der Unternehmensstruktur notwendig sind. Dabei geht es um die Frage, wer ist Unternehmensträger, wie ist die Leitungsorganisation und im Zusammmenhang mit dem zu behandelnden Thema, wie sieht die Einbeziehung der Arbeitnehmer aus?

Seit 1970 diskutiert man in Europa über ein solches Unternehmensrecht unter dem Stichwort „Europäische Aktiengesellschaft". Es gab zunächst 1970 einen Entwurf mit einer Ein-Drittel-Beteiligung von Arbeitnehmern. Dieser Vorschlag wurde von deutscher Seite abgelehnt. 1975 erweiterte man diesen Entwurf; danach sollten ein Drittel Arbeitnehmer, ein Drittel Kapitalvertreter und ein Drittel der Mitglieder über Kooptationen vertreten sein. Die Zielsetzung, Arbeitnehmer am Entscheidungsprozeß, Stichwort „Europäischer Betriebsrat", zu beteiligen, würde abgestimmte Konsultations- und Mitbestimmungsrechte erfordern. 1982 erfolgte ein Abbruch der Verhandlungen in dieser Fragestellung, und zwar nicht wegen der Mitbestimmungsregelungen, sondern wegen Ermüdung in der Europadiskussion.

Die europäischen Gewerkschaften fordern schon lange gesetzliche Regelungen für die Schaffung europäischer Betriebsräte in Unternehmen bzw. Konzernen, die europaweit tätig sind. In dem im Juli 1988 vorgelegten Memorandum der Kommission über das Statut für eine Europäische Aktiengesellschaft ist der Europäische Betriebsrat im Gegensatz zu einem Verordnungsentwurf aus dem Jahre 1975 nicht mehr vorgesehen. Über den Entwurf einer Richtlinie betreffend Information und Konsultation der Arbeitnehmervertretungen in transnationalen Unternehmen vom Oktober 1980 (Vredeling-Richtlinie) wird seit 1983 nicht mehr gesprochen. In absehbarer Zeit sei auch nicht damit zu rechnen, daß die gesetzlichen Grundlagen für einen Europäischen Betriebsrat geschaffen werden.

Befürchtet wurde von den Diskussionsteilnehmern, daß deutsche Unternehmen in EG-Ländern investieren und Arbeitsplätze schaffen, in denen die Kosten für den Produktionsfaktor Arbeit niedriger sind als in der Bundesrepublik Deutschland, weil die Arbeitnehmer dort weniger verdienen und geringere Sozialleistungen bekommen. Man sah die Gefahren eines sozialen Dumpings in Europa, einem Wettlauf zwischen den Mitgliedern des Binnenmarktes, um die niedrigsten Arbeitskosten, bei dem die Löhne gedrückt und Sozialleistungen vermindert werden. Die deutschen Gewerkschaften wollen diese Gefahr durch einheitliche europäische Sozialnormen bannen.

Der europäischen Kommission liegt z. Z. ein Memorandum zur Europäischen Aktiengesellschaft von 1988 vor. Danach soll die Arbeitnehmerbeteiligung an Entscheidungsprozessen unabdingbar sein. Gestritten wird über die Modellvarianten:

— deutscher Vorschlag — direkte Beteiligung der Arbeitnehmer

— französischer Vorschlag — ein Gremium zu bestellen, das nicht unbedingt in die Unternehmensverfassung integriert ist

— italienischer Vorschlag — eine vertragliche Regelung vorzusehen.

Bei den abgegebenen Stellungnahmen sowohl auf der europäischen Ebene als auch auf seiten des DGB taucht das Problem auf, wie man sich in Europa einigen kann. Voraussetzung ist, daß die Modelle gleichwertig sind und welcher Grad von Einflußnahme möglich ist. Der DGB ist der Auffassung, auf eine rechtliche Normierung der Mitbestimmung, so, wie sie in der Bundesrepublik Deutschland besteht, zu verzichten und stattdessen allg. Informations- und Konsultationsrechte der Arbeitnehmer vorzusehen, etwa vergleichbar den Regelungen des Wirtschaftsausschusses. Auch der EGB hat die gleichberechtigte Beteiligung und Vertretung der Arbeitnehmer bei der Zusammensetzung der Aufsichts- und Kontrollorgane gefordert.

Der Vorschlag des Wirtschafts- und Sozialausschusses zu einer EG-Sozial-Charta fand die Zustimmung von 80% seiner Mitglieder im Februar dieses Jahres. Der Vorentwurf einer Gemeinschafts-Charta der sozialen Grundrechte, den die Kommission Mitte Mai 1989 beschloß, erfüllt aber nicht die Erwartungen der Europäischen Gewerkschaften. Bemängelt wurde vor allem die mangelnde rechtliche Verbindlichkeit des Charta-Entwurfs. Um soziales Dumping zu verhindern, wurden einklagbare EG-Regeln für Wochenendarbeit, Teilzeit- und Leiharbeit, Elternurlaub, Kündigungsschutz, Mindesturlaub u.a. gefordert. Schmitz betonte, die britischen Konservativen hielten es für völlig richtig, „Sozialmaßnahmen abzubauen, um dadurch Wettbewerbsvorteile zu erreichen“. In der Frage, wie nach 1992 die Mitbestimmung der Arbeitnehmer gesichert werden kann, wenn Firmensitze ins Ausland verlegt werden, stehen Regelungen noch aus.

In der Diskussion wurde weiter auf die Vorteile des Standortes Bundesrepublik Deutschland in bezug auf Forschung, Infrastruktur, Arbeitnehmerqualifikation, sozialer Frieden ebenso eingegangen, wie auf die Aspekte der Arbeitskosten, Arbeitszeit und Besteuerung. Die Bundesrepublik hat im Vergleich zu Japan, den USA und der EG den größten Anteil an hochtechnologischen Gütern (37%) und an Gütern mittlerer Technologie (36%).

Trotz hoher Löhne erziele die Bundesrepublik Deutschland mit die höchste Wertschöpfung je Arbeitsstunde im internationalen Vergleich. Bei einem Vergleich der Lohn-Stückkosten zeigt sich ein jahresdurchschnittlicher Anstieg um 1,3% im Zeitraum 1983-1987. Der EG-Durchschnitt beträgt 4,9%, in den USA 3,0%, Japan 1,1%. Nach einer Umfrage des DIHT erwarten nur knapp

10% der befragten Unternehmer vom Binnenmarkt Schwierigkeiten für ihre Wettbewerbsfähigkeit.

Kriterien für zukunftsorientierte Standortentscheidungen seien nicht ausschließlich einfache Kosten- und Ertragsrechnungen; maßgeblich seien qualifizierte Arbeitskräfteangebote, Technologie-Transfer, Forschungs- und Entwicklungsarbeiten, Verkehrsstrukturen u. a. Ein wesentlicher Standortfaktor sei die soziale und politische Stabilität, die Qualifikation und Motivation der Arbeitnehmer.

Arbeitsgruppe 3

Gewerkschaftsorganisation(en) und Tarifverträge im Binnenmarkt

Einleitende Bemerkungen

Von Hans Pornschlegel, Dortmund

Die schrillen Auseinandersetzungen zur geplanten Sozialcharta für die Europäische Gemeinschaft zwischen Premierministerin Margaret Thatcher und dem Kommissionspräsidenten Delors signalisieren zentrale Probleme, nämlich der Gewerkschaftsorganisationen und Tarifverträge im künftigen Binnenmarkt. Wenn sich der Präsident der EG-Kommission dazu hinreißen läßt, die Einstellung der britischen Premierministerin als „hypernationalistisch" zu bezeichnen, werden damit auch die Kluften deutlich, denen unser Thema gegenübersteht: Hier ist eine Regierung, die stolz darauf ist, ihre Gewerkschaften gezähmt zu haben und die Gewerkschaften gänzlich aus einer Beteiligungsrolle am Management der Betriebe verdrängt zu haben; das britische Management fürchtet von einem europäischen Sozialraum die Aufgabe „souveräner Rechte" und damit in Zeiten zurückzufallen, in denen die Gewerkschaften in den britischen Betrieben das Heft in der Hand hielten.

Dies spiegelt die Probleme wieder, die mit den noch unscharfen Konturen der künftigen Rolle von Gewerkschaftsorganisationen und einer möglicherweise europäisierten Tarifpolitik verbunden sind. Die Großunternehmen, zunehmend selbst mittlere und kleine Unternehmen, aber auch die Organisationen der Wirtschaft in Europa haben sich seit Jahren systematisch auf die Anforderungen eines gemeinsamen Marktes vorbereitet. Die europäischen Gewerkschaften setzen sich zwar seit Jahren auch mit dessen veränderten Anforderungen und mit Forderungskatalogen auseinander. In der Praxis herrschte jedoch eine eher defensive Einstellung vor, die geprägt war von Befürchtungen über den Abbau vorhandener Reallöhne und Arbeitsbedingungen. Zwar hat der Europäische Gewerkschaftsbund, haben auch nationale Spitzenverbände der Gewerkschaften seit Jahren ihre Forderungen zum gemeinsamen Markt gestellt, doch wächst in der Breite der Organisationen erst sehr langsam das Bewußtsein und das Verständnis für die neuen Anforderungen an die Organisation und die Tarifpolitik.

Dabei sind vor allem folgende Kernfragen zu behandeln:

Wie sind die derzeitigen *nationalen und europäischen Rahmenbedingungen für das Handeln von Gewerkschaftsorganisationen* zu sehen und zu beurteilen?

Hierbei geht es insbesondere um die unterschiedlichen Ausgangssituationen der nationalen Wirtschaften und der verschiedenen Branchen, aber auch um nationale und europäische Rechtssysteme, die *Tarifverträge* jeweils völlig unterschiedlich verorten. Wie wird dabei das *Arbeitskampfrecht* gesehen. Welche Rolle fällt konkurrierenden *betrieblichen und einzelvertraglichen Regelungen* zu? Wie sieht es aus mit den *Niveaus der Arbeitszeiten und -bedingungen*, aber auch der *Arbeitsschutzvorschriften* und der *Entlohnung?*

Wie ist der Zustand der vorhandenen nationalen und europäischen Gewerkschaftsorganisationen einzuschätzen, um die notwendigen Schritte zu einer europäischen Koordinierung der Tarifpolitik — ggf. in Abstimmung mit der Sozialpolitik — zu konzipieren, zu koordinieren, umzusetzen und durchzusetzen? Wie groß sind die Spannungen zwischen aufgestellten Forderungen und Chancen der Durchsetzung?

Welche begründeten und konkreten Optionen stellen sich für eine europäische Tarifpolitik auf mittlere Sicht ggf. in bestimmten Bereichen oder Feldern vor und nach 1992? Inwieweit ist eine *Harmonisierung der nationalen Tarifpolitiken* überhaupt möglich oder erstrebenswert. Auch muß die *Alternative europäischer Tarifverträge* diskutiert werden, die zumindest in einigen Ländern der EG für bestimmte Fragen der Arbeitsbedingungen Geltung haben könnten. Inwieweit können *verbleibende Fragen in nationalen Tarifverträgen* dann noch koordiniert werden? Wie sieht es aus mit europäischen Tarifverträgen für ganze Branchen, in denen alle wesentlichen Fragen geregelt sind, soweit sie nicht nach wie vor durch nationales Arbeitsrecht vorbestimmt sind.

Es stellen sich aber auch die Fragen, wie die *interne Vorbereitung und das Bewußtsein der deutschen*, aber auch der anderen *europäischen Gewerkschaften* auf diese Fragen zu beurteilen ist. Was kann getan werden, um die Ausgangslage hier zu verbessern?

Auch die Frage nach den Rahmenbedingungen und den Folgen verdient zumindest eine Skizzierung: *Welche Veränderungen in den sozial- und arbeitsrechtlichen Rahmenbedingungen* sind auf nationaler und europäischer Ebene notwendig, um die Zielvorstellungen sowohl einer noch nicht verabschiedeten Sozialcharta als auch die der Gewerkschaften zu realisieren?

Schließlich und endlich stellen sich die Fragen: *Welche Chance den Gewerkschaften auf europäischem Niveau bleibt*, um dem formierten Unternehmertum und den auf dessen Aktivitäten eingestellten Bürokratien wirkungsvoll entgegentreten zu können? Welche Vorstellungen gibt es, um auf ein *europäisiertes Arbeitsschutzrecht* in der künftigen Tarifpolitik eingehen bzw. einwirken zu können?

Zehn Thesen

Von Klaus Lang, Frankfurt/M.

1. Die Verwirklichung des europäischen Binnenmarktes bis Ende 1992 ist heute ein Projekt mit eindeutig konservativer, kapitalorientierter Schlagseite! Deregulierung und Flexibilisierung als europäisches Programm für die Gemeinschaft und alle ihre Mitgliedsländer, für die Bundesrepublik Deutschland EG '92 als Dosenöffner und Brechstange zur Beseitigung der angeblich verkrusteten Sozial-, Arbeitsrechts- und Tarifstrukturen.

2. Die Gewerkschaften können sich zu dem Projekt Binnenmarkt 92 weder abwartend noch stillschweigend verhalten. Der Binnenmarkt kommt. Ob ihn die Gewerkschaften wollen bzw. begrüßen oder nicht. Daher ist aktive Einmischung gefragt, um möglichst viel von einem sozialen Europa Wirklichkeit werden zu lassen.

   Denn die programmatische Zielsetzung der Römischen Verträge und der Europäischen Gemeinschaft ist auf eine Verbesserung der Arbeits- und Lebensbedingungen in allen Ländern der Gemeinschaft gerichtet. Die politische Praxis hat die „soziale Dimension" weitestgehend und teilweise systematisch vernachlässigt.

3. Die Verwirklichung des europäischen Binnenmarktes bis Ende 1992 wirkt sich auf die Arbeits- und Lebensbedingungen der abhängig Beschäftigten in doppelter Weise aus:

   — Zum einen werden die realen Wettbewerbsbedingungen verändert. Dies trifft einzelne Branchen unterschiedlich. So stehen z. B. chemische Industrien und Automobilherstellung schon heute im internationalen Wettbewerb. In der Bauwirtschaft, in Banken und Versicherungswesen, in der Telekommunikation — um einige Beispiele zu nennen — wird es hier zu neuen Dimensionen von Wettbewerb kommen.

   — Zum anderen dient die Vollendung des Binnenmarktes auf nationaler Ebene, also gerade auch hier in der Bundesrepublik als Droh- und Druckmittel, um sozialpolitischen Stillstand und tarifpolitische Zurückhaltung durchzusetzen.

4. In unserem eigenen Land müssen wir gerade im Hinblick auf die Verwirklichung des europäischen Binnenmarktes eine aktive Tarifpolitik im Interesse der Beschäftigten fortsetzen. Das heißt konkret: 35-Stunden-Woche mit vollem Lohnausgleich, Sicherung des freien Wochenendes und kräftige Einkommensverbesserungen in 1990.

Die Bundesrepublik geht als ökonomisch stärkstes Land in die Vollendung des europäischen Binnenmarktes. Nichts spricht dafür, daß diese strukturelle Stärke nicht beibehalten, ja bei Wegfall von Handelsgrenzen und Handelshemmnissen sogar noch ausgebaut werden wird. Die Tarifvertragsparteien in der Bundesrepublik, die Belegschaften und Gewerkschaften müssen auch Motor des sozialen Fortschritts bleiben. Es wäre für die Arbeitnehmerinnen und Arbeitnehmer in allen europäischen Ländern verhängnisvoll, würde sich gerade die Arbeitnehmerschaft in der Bundesrepublik auf eine Konkurrenz auch mittels der Arbeits- und Entlohnungsbedingungen einlassen.

5. Auf europäischer Ebene ist es zu einer europäischen Tarifpolitik und zu entsprechenden tarifvertraglichen Regelungen noch ein sehr, sehr weiter Weg. Aber dieser Weg muß konsequent beschritten werden.

   Zur Zeit fehlen fast alle Voraussetzungen für europäische Tarifverträge und eine abgestimmte europäische Tarifpolitik.

6. Das heißt aber nicht, daß es nicht heute schon wichtige Ansatzpunkte für Schritte in diese Richtung gibt:

   — Information und Abstimmung über nationale Zielsetzung, z. B. in den tarifpolitischen Ausschüssen der europäischen Gewerkschaftsbünde;

   — gegenseitige Hilfe im Falle von Arbeitskämpfen und Ausschluß von Streikbrucharbeiten;

   — gemeinsame Aktionen zur Durchsetzung gemeinsamer Ziele, aber auch zur Unterstützung nationaler Ziele mit europaweiter Bedeutung;

   — ergänzende und zusätzliche konzernweite Abkommen im Rahmen der Europäischen Gemeinschaft.

7. Mögliche Inhalte für tarifpolitische Regelungen und verstärkte Absprachen können sein:

   — Festlegung von Mindestbedingungen für das Arbeitnehmerverhältnis und dem Arbeitsvertrag;

   — tatsächliche Gleichstellung und Gleichbehandlung von Frauen und Männern in der Arbeitswelt; aktive Gleichstellungspolitik;

   — Regelung von Dauer, vor allem aber von sozialen Eckpunkten zur Lage und Verteilung der Arbeitszeit;

   — Schutz für ungesicherte Arbeitsverhältnisse;

   — Regelung von Leistungsbedingungen;

   — Humanisierung und Demokratisierung der Arbeit.

8. Es wird letztlich keine isolierten Fortschritte auf dem Gebiet gemeinsamer Tarifpolitik geben, wenn nicht ebenso in der Betriebspolitik und in der gewerkschaftlichen Gesamtpolitik Schritte zur verbesserten Abstimmung

und Gemeinsamkeit gemacht werden. Aktuell die wichtigste Aufgabe ist die bessere Information und Zusammenarbeit zwischen den Belegschaften und betrieblichen Interessenvertretungen, um das gegenseitige Ausspielen innerhalb von EG-weit operierenden Konzernen zu verhindern. Hier sind gerade die entsprechenden Konzerne der Automobilindustrie, aber auch der Elektrotechnik und der Elektronik wichtige Ansatzpunkte, um zu europäischen Wirtschaftsausschüssen und Konzern-Betriebsräten zu kommen.

Fehlen hier rechtlich-gesetzliche Fortschritte, so ist ein „Informationsnetzwerk von unten" mit Hilfe der Gewerkschaften aufzubauen.

9. Aber auch auf politischer Ebene muß gemeinsam von den Gewerkschaften in der Europäischen Gemeinschaft verstärkter Druck zur Sicherung von Arbeitnehmer- und Gewerkschaftsrechten ausgeübt werden. Wichtigstes Ziel ist hier die Durchsetzung einer europäischen Sozialcharta mit verbindlich einklagbaren minimalen Arbeitnehmer- und Gewerkschaftsrechten. Dazu gehören Informations- und Beteiligungsrechte auf der einen Seite, aber auch eine rechtliche Grundlage für den Abschluß von Tarifverträgen auf europäischer Ebene zu schaffen.

10. Die nationalen Gewerkschaften müssen die vorhandenen Bünde auf europäischer Ebene zu einer europäischen Gewerkschaftsentwicklung fortentwickeln. Das verlangt den Ausbau der Gewerkschaftsorganisationen auf europäischer Ebene, das verlangt eine Verstärkung der informatorischen Infrastruktur zwischen Belegschaften und betrieblichen Ineressenvertretungen unter Einschluß der Gewerkschaften, und das erfordert auf Dauer schließlich auch eine Kompetenzerweiterung der europäischen Ebene.

Über kurz oder lang werden die Gewerkschaften von den eigenen Mitgliedern in den jeweiligen Ländern auch daran gemessen werden, was ihnen im Blick auf EG '92 zu verhindern bzw. durchzusetzen gelungen ist.

Von daher ist ein neuer Impuls in Richtung Internationalismus auch eine Überlebensfrage für die nationalen Gewerkschaftsorganisationen.

Bericht aus der Arbeitsgruppe 3

Von Hans Pornschlegel, Dortmund

1. Gemeinsame Ziele

Aus dem Bereich der IG Medien wurden die Schwierigkeiten verdeutlicht, schon zu grundsätzlichen Fragen der Arbeitsbedingungen, der Arbeitsgestaltung und der Arbeitszeit (z.B. Samstagsarbeit) in der nationalen Organisation zu übereinstimmenden Vorstellungen zu kommen. Es wurde die Frage laut, ob eine jeweils einende soziale Idee formuliert werden könne, die den Gewerkschaften neuen Auftrieb und neue Legitimation verschaffen könne. Dies gehe nicht ohne Berücksichtigung von „Gattungsproblemen" der Umwelt, der Abrüstung, der Atom- und Gentechnik. Die Gestaltbarkeit von Technik müsse bei der Verbesserung von Arbeitsbedingungen eine Leitidee sein (Lang). Auch wurde erwartet, daß anstelle der Defensive gegen die Flexibilisierung eine offensive Rolle der Gewerkschaften als einer freiheitlichen Emanzipationsbewegung trete, die zugleich offen sei für die stärkere Einbeziehung der Basis. Auch sei es notwendig, eine stärkere gesellschaftspolitische Begründung für konkrete Tarifforderungen zu vermitteln (vgl. die erfolgreichen politischen und tarifpolitischen Auseinandersetzungen zum Pflegenotstand).

2. Rolle der Arbeitsmärkte

Die Verwerfungen auf den Arbeitsmärkten wurden angesprochen, die sich in unterschiedlichen Formen national und europäisch äußern. Die Versuche zum Abbau tarifpolitischer Differenzierungen als „nichttarifäre Handelshindernisse" werde im Dauerkonflikt mit den Zielen einer hochliberalisierten Marktwirtschaft im Raum der EG anhalten.

3. Politische Rahmenbedingungen

Es unterlag keinem Zweifel, daß die derzeitige „Demokratielücke" der EG entscheidendes Hindernis für die Schaffung entsprechender sozialpolitischer Rahmenbedingungen durch das Europäische Parlament sei, in dessen Mitte eine mehrheitliche Auffassung zugunsten hoher sozialer Standards und des Territorialprinzips vertreten würde. Angesprochen wurden auch die Probleme der ins

Auge gefaßten europaweiten Ausschreibungen für öffentliche Aufträge als auch solche des Arbeits- und Gesundheitsschutzes, für die die betroffenen Arbeitnehmer hoch sensibilisiert seien.

4. Rolle der Gewerkschaftsorganisationen

Die Situation der nationalen und internationalen Organisationen wurde vielfältig thematisiert. Der Europäische Metallgewerkschaftsbund arbeitet bei der abgestimmten Ziel- und Strategieformulierung in Einzelfeldern relativ erfolgreich (Beispiel: Arbeitszeit). Die Schwäche der Gewerkschaften liege in den völlig unterschiedlichen ideologischen, betrieblichen, rechtlichen Bedingungen und deren kultureller Einbettung in den verschiedenen EG-Ländern; das gelte in gleichem Maße für den Organisationsgrad, die finanzielle und personelle Stärke der Gewerkschaften. Es unterlag in der Diskussion keinem Zweifel, daß über die Grenzen der europäischen Gewerkschaftsorganisationen hinaus eine Zusammenarbeit in multinationalen Unternehmen in Grenzregionen vordringlich und unverzichtbar ist.

Mehrere Redner stellten die Notwendigkeit einer dynamischen Öffnung der Gewerkschaften zur Gewinnung der technischen und kaufmännischen Intelligenz heraus. Positive Beispiele einer gewerkschaftlichen Aktivierung von Angestellten in der Bundesrepublik Deutschland (DEC und Philips-Forschungslabor Hamburg) mit neuen Formen wurden dargestellt.

5. Koordinierung in der Tarifpolitik — künftige Strategien

Berichterstattung und Diskussion widmeten sich über weite Strecken den teilweise schon erfolgreichen Koordinierungsansätzen von Arbeitnehmervertretungen, die vielfach von multinationalen Konzernen ausgelöst werden, die sich jedoch vielfach nicht auf den Bereich der EG beschränken. Klaus Lang sah überhaupt keine Chance für eine Harmonisierung im Bereich von Löhnen und Gehältern, jedoch positive Ansätze im Bereich der Wochenarbeitszeit. Ebenso ließe sich über organisationsübergreifende Arbeitskampfstrategien nachdenken. Hier wurde aus dem Teilnehmerkreis gefordert, eine stärkere Abstimmung von Arbeitszeitverkürzungen auf nationaler Ebene anzustreben. Ganz wesentlich sei jedoch die Förderung eines Bewußtseins für europäische und internationale Zusammenhänge bei Funktionären und Mitgliedern.

Während verschiedene, denkbare Modelle einer europäischen Tarifpolitik diskutiert wurden, lassen sich aus der Diskussion folgende Einschätzungen abgeben:

— Die außerordentliche Differenziertheit der Tarifverträge und der Tarifpolitiken in der Bundesrepublik Deutschland scheint zunächst eine stärkere Koordination der künftigen Gestaltung von Arbeitsbedingungen, insbesondere im Bereich der Arbeitszeitverkürzungen vorauszusetzen, wenn grenzüberschreitende Impulse erwartet werden. Dabei scheinen sich die Beteiligten immer noch weitgehend davon leiten zu lassen, daß diese Ziele möglichst einheitlich formuliert werden (z. B. Anstreben der 35-Stunden-Woche).

— Ausgehend von einer solchen nationalen Koordination, zeichnen sich erfolgversprechende Wege bei der Koordination der Tarifpolitik in den verschiedenen europäischen Ländern in einzelnen Branchen ab (vgl. Bemühungen des Europäischen Metallgewerkschaftsbundes). Eine Angleichchung von Löhnen und Gehältern wird hierbei nicht ins Auge gefaßt.

— Das von einigen Seiten thematisierte Modell grenzüberschreitender Tarifverträge für ausgewählte Arbeitsbedingungen (z. B. Arbeitszeitregelungen einschl. Flexibilisierung und Schichtarbeit, Rahmenbedingungen für Datenermittlung und Leistungsabforderung) ist bisher nicht realisiert. Es läßt sich jedoch vorstellen, daß, gestützt auf die Belegschaftsvertretungen aus multinational operierenden Unternehmen z. B. der Automobilindustrie, mit unterschiedlichen, den nationalen Gegebenheiten angepaßten Instrumenten in einiger Zeit solche Schritte gegangen werden können. Folgende Voraussetzungen sind hierzu unerläßlich:

  — Die nationalen Belegschaftsvertretungen müssen eine Übereinstimmung in den Zielen und in den einzuschlagenden Vorgehensweisen hinsichtlich dieser Ziele ebenso erreichen, wie über die zu wählenden Instrumente (im deutschen Rechtssinne: tarifvertragliche Regelungen, Betriebsvereinbarungen)

  — Die internationalen Unternehmensleitungen und ihre nationalen Unternehmensführungen müssen bereit sein, sich solchen, neuen, „nichttarifären Handelshemmnissen“ zu unterwerfen. Damit würde sich für diese eine Wettbewerbsangleichung in den verschiedenen Ländern der EG hinsichtlich der zu vereinbarenden Arbeitsbedingungen ergeben.

— Da die Unternehmen derzeit jedoch nach dem Prinzip des „teile und herrsche“ gerade im Feld der Arbeitsbedingungen gegen die nationalen und lokalen Belegschaftsvertretungen operieren, würden sie sich damit eines wichtigen Instruments ihrer bisher verfolgten Unternehmenspolitik berauben. Gelänge es jedoch, die beiden Voraussetzungen zu erfüllen, wäre damit sicherlich ein wichtiger struktureller Ansatz für eine Annäherung der Arbeitsbedingungen für die Arbeitnehmer in den betroffenen europäischen Industrien gegeben.

— Für das Instrument eines europäischen Tarifvertrages fehlt bisher ein formeller, europäischer Rechtsrahmen; es wäre jedoch denkbar, daß einheitliche Tarifverträge zunächst in einzelnen Ländern der EG, ggf. unter Ausklammerung bestimmter kritischer Bereiche wie der Entlohnung, abgeschlossen würden. Eine Durchsetzung müßte dann auf der Grundlage des jeweils geltenden nationalen Rechtes erfolgen. Dieses Modell hat jedoch hinsichtlich seiner Realisierung die größten Schwierigkeiten, weil neben den genannten Voraussetzungen noch eine entsprechende Annäherung tarifpolitischer Konzepte bei den Gewerkschaften unerläßlich wäre.

6. Zusammenfassende Einschätzungen

Für den Berichterstatter verdeutlichte die Diskussion eine Öffnung und ein vergleichsweise zurückhaltendes Umorientieren in Richtung auf europäische Dimension in der Tarifpolitik in einzelnen Ansätzen. Es wurde auch deutlich, daß Fortschritte nur mit einer pragmatischen Politik relativ kleiner Schritte erreicht werden können, die jedoch abgestimmte oder gemeinsame strategische Ziele der beteiligten Gewerkschaftsorganisationen verfolgen muß.

Die erkennbaren positiven Ansätze werden jedoch in ihrer Wirksamkeit durch Faktoren begrenzt, die sich vor allem in folgendem zeigen:

— Abstimmungsprobleme zwischen und Durchsetzungsfähigkeit von nationalen Gewerkschaftsorganisationen im nationalen und europäischen Bereich

— Unsicherheiten bezüglich der Weiterentwicklung des europäischen Sozialraumes (vgl. Streit um die Sozialcharta und die Weiterentwicklung von Sozialstandards auf der Grundlage des fortgeschriebenen EWG-Vertrages)

— Der Vorsprung der Unternehmerschaft und der nationalen, staatlichen Organisationen bei der Einstellung auf den Europäischen Binnenmarkt, dessen Handelshemmnisse ab 1992 weitgehend ausgeschaltet sein werden, bei dem aber die sozial- und damit tarifpolitischen Komponenten von vielen Unternehmen eher als hinderlich eingeschätzt werden.

Die relativ starke Stellung sowohl der deutschen Gewerkschaften als auch insbesondere der deutschen Volkswirtschaft in der Europäischen Gemeinschaft weist den deutschen Gewerkschaften eine Vordenker- und Vorreiterrolle zu, wenn der Sozialraum nicht gänzlich von den Marktentwicklungen bestimmt werden soll.

Die relative Stärke der Bundesrepublik Deutschland im Export, die sie in den letzten Jahren zunehmend gefestigt hat und die von vielen EG-Partnern als bedrohend empfunden wird, bietet den Gewerkschaften andererseits eine gute Chance, vom deutschen Niveau und dessen Weiterentwicklung ausgehend, entsprechende soziale Standards auch in Abstimmung mit europäischen Schwesterorganisationen durchzusetzen und, zunächst auf dem Weg über multinationale Konzerne, in kleinen Schritten auch europaweit in Ansätzen voranzubringen.

Arbeitsgruppe 4

Arbeits- und Umweltschutz

Zehn einleitende Thesen

Von Kurt Vittinghoff, Straßburg

1. Die Belastungen, Verschmutzungen und Zerstörungen der Umwelt werden in immer stärkerem Maße zur Bedrohung für die Gesundheit, das Leben der Menschen und für die Natur. Akut auftretende Umweltunfälle und -skandale wie in Bophal, Seveso, Tschernobyl, Sandoz oder das Waldsterben, das Robbensterben, Unfälle wie in Harrisbourg, Windscale/Shellafield haben sich tief in das Bewußtsein der Öffentlichkeit eingegraben. Lebensmittelskandale, wie das vergiftete Olivenöl in Spanien, Nematoden in Fischen, verdorbenes Fleisch an den Binnengrenzen der EG und die Angst vor Lebensmittelbestrahlung tun ein Übriges.

   Verbraucherschutz ist deshalb auch sehr eng verbunden mit Umweltschutz und muß in der Zukunft einen höheren Stellenwert bekommen.

2. Ebenso eng miteinander verbunden sind Arbeitsschutz und Umweltschutz, denn die Quellen der meisten Umweltbelastungen sind die Produktionsverfahren und die Arbeitsbedingungen. Die Arbeitnehmer sind an ihren Arbeitsplätzen einer ständig wachsenden Flut von Chemikalien ausgesetzt. Es gibt etwa 80000 bis 90000 Handelschemikalien. Die derzeitige Zuwachsrate liegt bei etwa 1000 Substanzen pro Tag.[1] In der wissenschaftlichen Literatur wurden bislang mehrere hundert Substanzen aufgeführt, die Krebs verursachen bei Mensch und Tier und/oder erbgutverändernde Wirkung zeigen.[2] Mehr als die Hälfte aller Berufskrankheiten sind auf Schadstoffe zurückzuführen. Die Erweiterung der Liste der krebserzeugenden Arbeitsstoffe ist in den letzten Jahren rapide vorangeschritten. Man geht davon aus, daß etwa 6000 Krebssterbefälle p.a. arbeitsplatzbedingte Ursachen haben.[3]

---

[1] vgl. dazu: *Wassermann*, O., Die gesellschaftliche Bedeutung der Umwelttoxikologie — Anforderungen an vorsorgenden Arbeits- und Umweltschutz, in: Umweltschutz zwischen Reparatur und realer Utopie, Hrsg. IG Metall, Bund Verlag, Köln 1988.

[2] vgl. dazu: *Kalberlah*, F. (Hrsg.), Chemie am Arbeitsplatz, S. 128ff., rororo aktuell, 1989, m.w.Nw.

[3] ebenda, S. 129.

3. Die Arbeitnehmer sind also den Umweltbelastungen gleich mehrfach ausgesetzt. Einmal in einer hohen Konzentration an den Arbeitsplätzen und zum anderen mit ihren Familien in den Stadtteilen und Regionen mit besonders starker Luftverschmutzung und in Lärmbereichen.

   Es ist bekannt, daß auch die Familien durch gesundheitliche Belastungen der Arbeitnehmer am Arbeitsplatz betroffen sein können (Beispiel: Asbeststaub in Arbeitskleidern). Die Familien bzw. die im Haushalt des Arbeitnehmers lebenden Personen sind deshalb u. U. in die Gesundheitsüberwachung und -beratung mit einzubeziehen.

4. Umweltschutz und Gesundheitsschutz gehören in der Europäischen Gemeinschaft zu den wichtigsten Feldern der gemeinsamen Politik. Allerdings sind im jetzigen Binnenmarktkonzept alle wirtschaftlichen Fragen geklärt, bzw. auf den Weg gebracht, während massenweise Fragen zur sozialen Dimension offen sind.

5. Im Rahmen der Verwirklichung des Binnenmarktes sind deshalb alle Fragen der sozialen Dimension von entscheidender Bedeutung, zumal in den Verträgen (Einheitliche Akte) keine besonderen Verfahren für die Angleichung des Europäischen Sozialrechts angegeben sind. Man setzt stattdessen auf die Eigendynamik der wirtschaftlichen Kräfte und hofft, daß sich die arbeits- und sozialrechtlichen Regelungen dann von alleine ergeben.

   Gerade im Bereich der sozialen Dimension birgt deshalb der Binnenmarkt neben allen anerkennenswerten Chancen auch Risiken. Das Risiko eines „sozialen Dumpings" steigt in dem Maße, in dem soziale Sicherheit bzw. Sicherheit und Gesundheitsschutz am Arbeitsplatz auf niedrigstem Niveau festgelegt wird.

   Ziel der Politik der Mehrheit des Europaparlamentes ist aber die Verbesserung der Arbeitsumwelt und der verstärkte Schutz der Sicherheit und der Gesundheit der Arbeitnehmer durch die Harmonisierung der in diesem Bereich bestehenden Bedingungen auf möglichst hohem Niveau.

6. Die durch die Einheitliche Europäische Akte verstärkten Mitwirkungsrechte geben dem Europaparlament die zur Erreichung dieser Ziele notwendigen Argumente an die Hand, die zwar noch nicht ausreichend sind, aber doch bei konsequenter Anwendung ihre Wirkung nicht verfehlen.

   Aufgrund des verbesserten Mitspracherechts des Europäischen Parlamentes und der strikten Anwendung seiner Rechte hat das Parlament mit den Beschlüssen zur Rahmenrichtlinie für Sicherheit und Gesundheitsschutz der Arbeitnehmer in der zweiten Lesung einen ersten großen Erfolg erzielt. Das gleiche gilt auch für die bislang vorliegenden dazugehörigen Einzelrichtlinien. Die ursprünglichen Vorlagen wurden jeweils entscheidend verbessert, sodaß eine wesentlich höhere Absicherung des Gesundheitsschutzes auf EG-Ebene durchgesetzt werden konnte. Die Chance, soziales Dumping zu verhindern, ist damit weitaus größer geworden.

7. Die Reform der EWG-Verträge hat mit den Möglichkeiten, die durch die Einheitliche Europäische Akte eröffnet wurden, die Voraussetzung dafür geschaffen, daß die Weiterentwicklung der Wirtschaftsgemeinschaft durch Vollendung des Gemeinsamen Marktes bis zum Jahre 1992 mit der Herausbildung einer europäischen „Umweltgemeinschaft" Hand in Hand geht. Bedingung hierfür ist jedoch, daß vorausschauende und vorbeugende Umweltpolitik Platz greift und der Industrie die notwendigen Auflagen erteilt werden. Als positves Beispiel mag dafür die Durchsetzung der den US-Standards gleichwertigen Abgasnormen für alle Kleinwagen unter 1,4 l in der EG durch das Europaparlament gelten. Erstmals wurden damit der Industrie in Europa Auflagen für die Zukunft gemacht, anstatt wie bisher den technisch möglichen Grenzwerten in einem Abstand von mehreren Jahren hinterher zu laufen.

8. Bei der europäischen Umweltschutzpolitik muß künftig bei der Festlegung von Normen die bisherige Kosten-Nutzen-Berechnung aus der Sicht der Industrie außer Acht gelassen werden und der Schutz der Umwelt, die Erhaltung der Artenvielfalt und die Gesundheit der Menschen im Vordergrund stehen. Die bisherige Politik war auf die Reparatur der Umweltschäden abgestellt und auf die angebliche Erhaltung der Wettbewerbsfähigkeit der Industrie. Die Frage darf in Zukunft nicht mehr heißen, was kosten vorbeugende Umweltschutzmaßnahmen, sondern welche Kosten entstehen der Allgemeinheit durch unterlassenen Umweltschutz.

   Arbeitsschutz und Gesundheitsschutz dürfen nicht wirtschaftlichen Interessen untergeordnet werden, sondern müssen höchste Priorität haben.

9. Nationale Egoismen, industrie- und kapitalfreundliche Politik, immer noch nicht ausreichendes Umweltbewußtsein der Bevölkerung und der Politiker, fehlende Kontrollinstanzen und fehlendes wirksames Umweltstrafrecht sind dieser notwendigen Politik im Wege.

10. Das Projekt Binnenmarkt '92 ist nicht die Ursache dafür, daß die nationale Politik immer häufiger vor internationalen Märkten und Problemen kapitulieren muß. Im Gegenteil, der Binnenmarkt bietet die große Chance, mit den ökonomischen Möglichkeiten und den politischen Mitteln der europäischen Gemeinschaft, den Kampf um einen wirksamen Umweltschutz zu gewinnen.

    Wer anders, als eine gestärkte Gemeinschaft bietet die Chance, Umweltschutz, Verbraucherschutz und Arbeitsplätze aus dem Sog weltweiter Dumpingkonkurrenz herauszuhalten und als Qualitätsmerkmale des „Standortes Europa" zu entwickeln. Die gesetzliche Grundlage dazu ist gegeben. Artikel 100a Abs. 3 der EWG-Verträge verpflichtet die EG-Kommission, bei ihren Richtlinien und Verordnungsvorschlägen zum Umweltschutz von einem hohen Schutzniveau auszugehen.

Fünf Thesen

Von Hagen Lichtenberg, Bremen

1. Die Einheitliche Europäische Akte (EEA) hat erstmals mit Art. 118a EWG-V eine konkrete Rechtsgrundlage für den Erlaß von gemeinschaftlichen Normen im Bereich des Arbeitsschutzes und der Arbeitsplatzumwelt eingeführt.

2. Die Europäische Gemeinschaft war zwar auch vor Einfügung dieses Artikels in den EWG-V auf dem Gebiet des Arbeitsschutzes aktiv. Als Rechtsgrundlage mußten jedoch überwiegend die Artikel 100 und 135 des EWG-V benutzt werden. Dem Charakter der Gemeinschaft als Wirtschaftsgemeinschaft gemäß standen bei der Begründung dieser Maßnahmen wirtschaftliche Aspekte eher im Vordergrund als soziale. Dies schließt sowohl die Frage der Arbeitskosten als auch die technische Normierung von Schutzbestimmungen in Bezug auf Arbeitsgeräte sowie Kennzeichnungen von gefährlichen Arbeitsstoffen als Faktor für die Warenverkehrsfreiheit ein.

3. Die laufenden Rechtssetzungsvorhaben der Gemeinschaft, insbesondere der Vorschlag einer Richtlinie über die Durchführung von Maßnahmen zur Verbesserung der Sicherheit und des Gesundheitsschutzes der Arbeitnehmer am Arbeitsplatz sowie die darauf gestützten Einzelrichtlinien tragen dem Bedürfnis nach einer umfassenden Regelung deutlich eher Rechnung.

4. Dennoch wird der von Art. 118a EWG-V eröffnete Handlungsrahmen bei weitem nicht ausgeschöpft. Es fehlen vor allem die unter dem Stichwort „Humanisierung der Arbeit“ diskutierten Bereiche Ergonomie, soziale Aspekte und Regelungen der Beteiligung der Arbeitnehmer an den sie betreffenden Entscheidungen.

5. Das Konzept der Mindestbedingungen verstärkt das Risiko einer Verlangsamung des Entwicklungstempos in den Mitgliedstaaten der Gemeinschaft, die eine entwickelte Kultur des Arbeitsplatzes aufweisen.

Bericht aus der Arbeitsgruppe 4

Von Peter Kühne, Dortmund

Erstes Diskussionsthema der Arbeitsgruppe war der bisherige verkürzt ökonomische Zuschnitt der Europäischen Gemeinschaft. Die EG erschien den Diskussionsteilnehmern als ein Unternehmen zur Förderung transnationaler wirtschaftlicher Austauschbeziehungen und eines — ausschließlich — quantitativen Wachstums. Aspekte der Sozialpolitik, etwa des Arbeitsschutzes, und erst recht der Umweltpolitik träten demgegenüber bisher weit in den Hintergrund. Ihnen werde nur dann ein gewisser Stellenwert eingeräumt, wenn es um die Milderung von Wettbewerbsnachteilen gehe. So bedurfte es insgesamt ca. dreißig Jahre europäischer Entwicklung, bis der Umweltschutz und auch der Arbeitsschutz — mit der Einheitlichen Europäischen Akte von 1986/87 — in den politischen Kanon der EG aufgenommen wurde.

Zweites Diskussionsthema war das Demokratiedefizit der EG. Die Kritik in der Arbeitsgruppe richtete sich dabei nicht nur gegen das apparative Übergewicht der Kommission (etwa gegenüber dem Europäischen Parlament bei der Ausformulierung von Richtlinien und weiterreichenden Normierungen), sondern vor allem auf den Europäischen Rat bzw. den Ministerrat und auf die doppeldeutige Rolle, die Politiker einerseits im nationalen und andererseits im europäischen Rahmen spielen. Als einziger Lichtpunkt erschien in diesem Zusammenhang das Europäische Parlament als Ort einer umfassenden und kritischen Meinungs- und Willensbildung. Hier formieren sich übrigens Mehrheiten quer durch die Fraktionen, um bestimmte Entwicklungen voranzutreiben. Immer dann, wenn es gelingt, ein gemeinsames Vorgehen von Europäischem Parlament und Kommission zustandezubringen, können Regierungschefs und Fachminister der EG-Staaten in die Bredouille gebracht werden.

Die weitere Diskussion konzentrierte sich auf *drei spezielle Aspekte* der vorgegebenen Themenstellung „Arbeits- und Umweltschutz".

Erster Aspekt: Ein nunmehr erreichter Durchbruch in der Frage des Arbeitsschutzes. Als solcher Durchbruch wurde das „Aktionsprogramm der Europäischen Kommission für Sicherheit, Arbeitsbedingungen und Gesundheitsschutz am Arbeitsplatz" vom 23. 10. 1987 bewertet, was eine Reihe kritischer Anmerkungen nicht ausschließen sollte. Das Aktionsprogramm wurde erst vor wenigen Tagen vom Ministerrat in eine Rahmenrichtlinie umgesetzt. Weitere Einzelrichtlinien zu bestimmten Risikobereichen im Felde des Arbeitsschutzes stehen noch an, etwa zur Frage des Umgangs mit Maschinen und Apparaturen, zur Handhabung schwerer Lasten, zur Sicherheitsausstattung der Beschäftigten und zur Arbeit an den Bildschirmgeräten. Kritische Würdigungen der Rahmenrichtlinien und des Aktionsprogramms machten geltend, daß die dort benutzten Rechtsbegriffe zu unbestimmt seien, daß die Beteiligung der Arbeitnehmer beschränkt bleibe auf eine Informationspflicht des Arbeitgebers und daß Arbeitssicherheit und Arbeitsumwelt verkürzt aus dem technischen Blickwinkel gesehen würden, während ergonomische Fragen und Fragen der psychosozialen Befindlichkeit von Arbeitnehmern überhaupt keine Berücksichtigung fänden. Kritisch angemerkt wurde des weiteren, daß der Begriff der Arbeitsumwelt, dem in diesem Zusammenhang zentrale Bedeutung zukommt, zu unbestimmt bleibe.

Zweiter Aspekt: Der Zusammenhang von Arbeits- und Umweltschutz. Er wurde facettenreich und anhand zahlreicher Beispiele — etwa des Umgangs mit Asbest — vorgeführt. Es wurde geltend gemacht, daß Arbeitnehmer in doppelter Hinsicht geschädigt werden: zunächst in ihrer Arbeitsumwelt und dann im Wohnbereich. In diesem Zusammenhang wurde Widerspruch eingelegt zur am Vortage geäußerten These von Carl Hahn, daß ein soziales Dumping in der Bundesrepublik nicht zu befürchten sei. Die Einheitliche Europäische Akte schreibe Mindestbedingungen vor. Sie verbiete somit nicht, daß Staaten mit weiterreichenden nationalen Bestimmungen sich dem jeweils niedrigeren Niveau anglichen. Gefordert wurde schließlich eine volkswirtschaftliche Kosten-Nutzenrechnung bezogen auf Unfälle, gesundheitliche Beeinträchtigungen und Umweltschäden.

Dritter Aspekt: Gewerkschaftliche Handlungsmöglichkeiten. Ein gewerkschaftliches Handeln auf der Ebene des Lobbyismus wurde von vornherein ausgeschlossen, weil die personelle Ausstattung der europäischen Gewerkschaftsinstanzen in keiner Weise mit derjenigen der Wirtschaftsverbände konkurrieren könne. So stehe ein Europa-Beauftragter der Gewerkschaft Nahrung-Genuß-Gaststätten insgesamt 61 in Brüssel akkreditierten Branchenverbänden gegenüber. Aus der Unmöglichkeit, lobbyistisch tätig werden zu können, wurde die Schlußfolgerung gezogen, daß die Gewerkschaften stärker als bisher tarifpolitisch in Fragen der Arbeitsgestaltung tätig werden sollten. Hier wurden allerdings auch die Schwierigkeiten gesehen, sich im transnationalen Rahmen auf tarifpolitische Leitlinien zu einigen. Es wurde die weltanschaulich-politische Zersplitterung der europäischen Gewerkschaftsszene beklagt, die schlechte personelle Ausstattung der europäischen Gewerkschaftsinstitutionen und die allgemeine Krise der Gewerkschaftspolitik in Europa. Insgesamt fehle es an gewerkschaftlicher Sanktionsmacht auf europäischer Ebene. Angemerkt wurde schließlich, daß es den Gewerkschaften möglich sein müsse, stärker als bisher die Tätigkeit gewerkschaftsnaher Europaabgeordneter kritisch-konstruktiv zu begleiten bzw. überhaupt wahrzunehmen. Als Beispiel wurde in diesem Zusammenhang die zögerliche Behandlung von Richtlinienentwürfen durch die hierzu konsultierten Gewerkschaften und gewerkschaftlichen Dachverbände genannt. Kritisch angemerkt wurde auch hier, daß es an Personalkapazität fehle, des weiteren an spezifischen Ausbildungsgängen bzw. -bestandteilen für Gewerkschaftssekretäre, die im europäischen Kontext tätig werden. Häufig fehle es schlicht an den notwendigen Sprachkenntnissen. Von der Kritik ausdrücklich ausgenommen wurden das politische Sekretariat des EGB und das EGI. Beide leisteten unter schwierigen Bedingungen hervorragende Gewerkschaftsarbeit bzw. wissenschaftliche Zuarbeit im europäischen Kontext.

Arbeitsgruppe 5

Investitionsstandort Bundesrepublik Deutschland im Binnenmarkt

Fünfzehn Thesen

Von Hartmut Bechtold, Düsseldorf

1. Die Bundesrepublik Deutschland stellt sich international als exportstarkes Land dar. Über ein Drittel der bundesdeutschen Produktion geht in das Ausland und ist dort bereits den Zwängen des internatinalen Wettbewerbs ausgesetzt. Auch im laufenden Jahr kann das Land seine Rolle als führende Exportnation vor den USA und Japan behaupten. Alle Trends zeigen, daß das Land in den letzten acht Jahren seine Exportüberschüsse kontinuierlich ausbaute — zu Lasten seiner Partnerländer, hauptsächlich im europäischen Bereich.

2. Die Arbeitskosten je Stunde sind in der Bundesrepublik Deutschland — sieht man von der Schweiz ab — höher als in allen anderen Industrieländern. Die tarifliche Jahresarbeitszeit ist international betrachtet in der Bundesrepublik am niedrigsten.

3. Die hohen Arbeitskosten und niedrigen Jahresarbeitszeiten werden jedoch durch die höhere Produktivität wieder wettgemacht. Die Wertschöpfung je DM Arbeitskosten ist höher als in vielen Niedriglohnländern. Der prozentuale Anteil der Arbeitskosten am Bruttosozialprodukt ist nach den Berechnungen der Europäischen Kommission niedriger als in den anderen EG-Ländern.

4. In keinem Industrieland — mit Ausnahme der Schweiz — wurde in den letzten acht Jahren weniger gestreikt als in der Bundesrepublik. Die große soziale Stabilität ist Ergebnis der praktizierten Mitbestimmungsrechte und des gut arbeitenden Tarifvertragssystems.

5. Internationale Vergleiche der Gewinnbesteuerung sind äußerst schwierig. Die Unternehmerverbände und ihre Institute rechnen der Öffentlichkeit immer wieder vor, die Gewinnbesteuerung liege bei über 70%. Das Bundesfinanzministerium hat dagegen in einer Untersuchung kürzlich verlauten lassen, man könne mit Sicherheit nur sagen, sie liege zwischen 24 und 74% — eine weite Spanne also, die sich aus den verschiedenen Abschreibungsmöglichkeiten und Bewertungsfreiheiten erklärt. In diesen Tagen legte das DIW ein entsprechendes Gutachten vor. Untersucht wurde

die Besteuerung in sieben Industrieländern. Danach liegt die Bundesrepublik Deutschland in der Unternehmensbesteuerung auf Platz 3 nach Italien und Großbritannien. Alle anderen Länder — darunter auch die USA und Japan — haben höhere Gewinnbesteuerungen.

6. Die Steuerquote der Bundesrepublik Deutschland ist — abgesehen von Spanien — niedriger als in allen anderen EG-Ländern, bei der Abgabenquote liegt das Land im EG-Schnitt.

7. Die Netto-Kapitalrendite ist in den letzten Jahren kontinuierlich gestiegen. Betrug sie 1981 nur 9,1%, so war der entsprechende Wert 1988 bereits 14,2%; die unternehmerischen Nettoeinkommen haben sich in den letzten fünf Jahren fast verdoppelt, alleine 1988 sind sie real um 12% gestiegen. Begleitet wird diese Entwicklung von stagnierenden Nettolöhnen und anhaltend hohen Arbeitslosenzahlen. Die Lohnquote ist seit sieben Jahren rückläufig.

8. Bemerkenswert ist vor diesem Hintergrund, daß die Entwicklung der Nettoinvestitionen im gewerblichen Bereich hinter die Gewinnentwicklung zurückfällt. Inzwischen lassen sich fast alle Investitionen aus den erwirtschafteten Gewinnen finanzieren, die Selbstfinanzierungsquote liegt über 90%. Gewinn- und Investitionsquote verhalten sich nicht gleichläufig.

9. Die Investitionsschwäche spiegelt sich in dem Verhältnis der ausländischen Direktinvestitionen in der Bundesrepublik zu den bundesdeutschen Direktinvestitionen im Ausland ebenso wider wie bei dem Abfluß der Finanzanlagen.

10. Die steigenden Auslandsinvestitionen sind jedoch nicht durch die höheren Produktionskosten verursacht. Sie ergeben sich aus dem Motiv der Absatzsicherung (hohe Exportüberschüsse!) sowie der schwachen Binnennachfrage. Diese ist zum einen Ergebnis der extremen Stabilitätsorientierung, zum anderen jedoch auch durch demographische Faktoren bedingt. Sicherlich wurden diese Trends aber durch die „Industriestandort-Kampagne" der Unternehmerverbände verschärft, da diese quasi wie eine „self-fulfilling-prophecy" wirkte.

11. Die Bundesrepublik hat die strukturellen Herausforderungen der letzten zehn Jahre gut bewältigt. Ihre Wettbewerbsvorteile liegen offenbar in der Fertigung hochwertiger Produkte, wo es auf gute Verbundwirkungen zwischen den Unternehmen, gut qualifizierte Belegschaften, eine gute Infrastruktur sowie soziale Stabilität ankommt.

12. Auch auf zukünftige Entwicklungen, d. h. vor allem den Trend zur flexiblen Fertigung, ist die Bundesrepublik mit ihrem international hohen Standard an beruflicher Qualifikation gut vorbereitet.

13. Risiken ergeben sich aus der hohen Exportabhängigkeit in Verbindung mit der deutlichen Investitionsschwäche. Die stetig abfließenden Finanzmittel schwächen langfristig den Standort Bundesrepublik Deutschland, da

öffentliche und private Zukunftsinvestitionen unterbleiben. Gleichzeitig setzen sie die deutsche Währung unter Abwertungsdruck und begünstigen so wiederum die Exportlastigkeit unserer Industrie. Die deutschen Gewerkschaften fordern daher nicht von ungefähr seit langem eine deutliche Ausweitung der öffentlichen Investitionen und die steuerliche Begünstigung reinvestierter Gewinne gegenüber den ausgeschütteten Gewinnen.

14. Die deutschen Gewerkschaften orientieren sich in ihrer Politik an den Interessen *aller* Arbeitnehmer und schaffen so den Rahmen für eine solidarische Bewältigung des strukturellen Wandels. Sie sind bereit, technische und soziale Neuerungen zu akzeptieren, wenn deren Einsatz sozialverträglich gestaltet wird. Jedoch reichen die bestehenden Mitbestimmungsrechte nicht aus.

15. Die ökonomische Lage der Bundesrepublik Deutschland in der Weltwirtschaft bietet Raum für eine expansivere Politik der Gewerkschaften — sowohl in quantitativer als auch in qualitativer Hinsicht.

Fünf Thesen

Von Klaus Wieners, Düsseldorf

1. Der Lebensstandard der Bundesbürger ist — im Vergleich mit den übrigen Mitgliedsländern der Europäischen Gemeinschaft — am höchsten und die Arbeitslosenquote liegt (mit 7,0 v.H.) unter derjenigen in den anderen großen Industrieländern der Gemeinschaft. Gleichzeitig weist die kräftige Zunahme der Ausrüstungsinvestitionen der Unternehmen auf eine unverändert positive Beurteilung des Investitionsstandortes Bundesrepublik durch die Unternehmen hin.

2. Allerdings muß man konstatieren, daß die Bundesrepublik *per Saldo* einen Abfluß an Direktinvestitionen ins Ausland hat. Etwa die Hälfte dieser Direktinvestitionen fließt in andere Mitgliedsländer der Gemeinschaft. Das spricht — jedenfalls vordergründig betrachtet — eher für einen relativen Positionsverlust der Bundesrepublik als Investitionsstandort in der Gemeinschaft.

3. Ein eindeutiger und mit objektiven Kriterien belegbarer Verlust an Standortattraktivität der Bundesrepublik ist aber nicht feststellbar. Bei wichtigen Standortfaktoren (Unternehmensbesteuerung, Stromkosten, Umweltschutzkosten) liegt die Bundesrepublik zwar ungünstiger als manche andere Mitgliedsländer der Gemeinschaft; dagegen weist die Bundesrepublik bei anderen Standortfaktoren (Forschungs- und Entwicklungsausgaben der Unternehmen, technologische Wettbewerbsfähigkeit, Qualifikation der Arbeitskräfte) deutliche Vorteile auf.

4. Auf dem Weg zum EG-Binnenmarkt wird es Verlierer und Gewinner geben. Das gilt für die gesamten Volkswirtschaften, für Branchen und auch für einzelne Unternehmen:

   — Auf *gesamtwirtschaftlicher* Ebene werden es die hochentwickelten Volkswirtschaften mit hohem Kosten- und Anspruchsniveau schwer haben, sich im Wettbewerb als Investitionsstandort gegenüber den kostengünstigeren Standorten in den „jungen" Mitgliedsländern zu behaupten. Das ist aber als normaler Entwicklungsprozeß zu betrachten und nicht als Versagen der Wirtschaftspolitik der führenden Länder.

— Auf *Branchenebene* werden diejenigen Standorte relative Positionsgewinne erzielen, die bei den *entscheidenden Produktionsbedingungen der einzelnen Branchen* Vorteile bieten.

In denjenigen Branchen, in denen Ausbildungsniveau und Flexibilität der Arbeitskräfte den Ausschlag geben, wird die Bundesrepublik sich als attraktiver Standort behaupten können. Das gilt insbesondere für den Maschinenbau, die E-Technik und Teilbereiche des Fahrzeugbaus.

Dagegen werden alle Branchen mit Standardprodukten, relativ geringen Ansprüchen an das Qualifikationsniveau der Arbeitskräfte und mit hoher Umweltbelastung relative Positionsverluste erleiden. Dazu gehören Bereiche der Konsumgüterindustrie, Teile der Chemie und der Energieerzeugung sowie der Mineralölverarbeitung und Teile der Metallerzeugung.

— Auf Unternehmensebene werden es insbesondere die *mittelgroßen* Firmen schwer haben, sich im EG-Binnenmarkt zu behaupten. Großunternehmen kommt ihre Fähigkeit der langfristigen strategischen Ausrichtung sowie (jedenfalls in vielen Fällen) ihre Kapitalkraft zugute, während flexible Kleinbetriebe weiterhin erfolgreich in Marktnischen tätig sein können.

5. *Ein Fazit:* Die derzeitige Ausgangslage für den Investitionsstandort Bundesrepublik Deutschland im EG-Binnenmarkt zeigt Stärken und Schwächen. Die größere Freizügigkeit in der EG bei Investitionsstandort-Entscheidungen und die wechselseitige Anerkennung von Produktionsmethoden, Normen und Standards ermöglicht den Unternehmen die Konzentration ihrer Produktion an den günstigsten Standorten. Da die Wettbewerbsintensität im EG-Binnenmarkt weiter zunimmt, werden die Unternehmen mit noch „spitzerem Bleistift" ihre Investitionsrechnungen durchführen müssen als bisher. Dabei wird der Flexibilität der Produktionsbedingungen und der Dauer der Maschinennutzungszeiten eine besondere Bedeutung im Rahmen der Investitionsrechnungen zukommen. Wenn es der Bundesrepublik gelingt, ihre Attraktivität auf diesem Gebiet aufrechtzuerhalten bzw. weiter zu erhöhen, gibt es keinen Grund, die Perspektiven für den Standort Bundesrepublik pessimistisch einzuschätzen.

Bericht aus der Arbeitsgruppe 5

Von Burkhardt Siebert, Bad Marienberg

Die EG der 12 kann sich als Wirtschaftsmacht Europa sehen lassen: Nur 6% der Weltbevölkerung erbringen 20% der Wirtschaftsleistung und wickeln 41% des Welthandels ab. Ein kurzer Blick in die Handelsbilanzen zeigt, daß die Bundesrepublik Deutschland industrieller Hauptnutznießer der Gemeinschaft ist.

Der *Binnenmarkt* wird — ob nun zum Jahresende 1992 oder später — die Qualität der europäischen Integration grundlegend verändern. Das Programm der Zwölfer-Gemeinschaft will erreichen, daß Industrie und Dienstleistungsbranchen sich nicht mehr mit unterschiedlichen nationalen Steuern und Vorschriften herumschlagen müssen, sondern kostengünstig in hohen Stückzahlen für einen einzigen Markt produzieren können, anstatt für zwölf kleine, und sich frei bewegen dürfen, ohne im anderen Mitgliedsstaat gegenüber der heimischen Konkurrenz benachteiligt zu sein.

Brüssel liefert funkelnde Prognosen: Wenn das Potential voll ausgeschöpft wird, so ist mit einem Gewinn von 350 bis 500 Milliarden DM zu rechnen; dies entspricht vier bis sieben Prozent des gesamten Wertes an Waren und Dienstleistungen in der EG. Legt man einen Mittelwert von 430 Milliarden DM zugrunde, so ergibt sich folgende Aufschlüsselung:

22 Milliarden DM könnten eingespart werden durch den Wegfall der Grenzkontrollen.

163 Milliarden brächte der Abbau von Handelshemmnissen wie unterschiedlicher technischer Normen und anderer unsichtbarer Schlagbäume.

140 Milliarden wäre der Bonus für Rationalisierung wert, wenn z. B. in größerer Stückzahl produziert werden könnte.

105 Milliarden bringt der schärfere Wettbewerb nach dieser Rechnung an Vorteil.

1,8 Millionen zusätzliche Arbeitsplätze wären für den zu erwartenden Wachstumsschub zu veranschlagen.

Die Arbeitsgruppe hörte und diskutierte zwei Expertenberichte:

Klaus Wieners erläuterte zunächst das von ihm vorgelegte Thesenpapier und befaßte sich mit der Qualität des Investitionsstandortes Bundesrepublik Deutschland. Anzeichen für eine Standortschwäche ergeben sich aus relativ niedrigen Wachstumsraten des Bruttosozialprodukts wie auch aus einer im Vergleich deutlich schwächeren Investitionsdynamik. Ein ähnliches Bild entsteht hinsichtlich ausländischer Direktinvestitionen, besonders ausgeprägt bei denjenigen der USA in der Bundesrepublik.

Eine Vielzahl von *Einflußfaktoren für die Standortwahl von Direktinvestitionen sind zu berücksichtigen:*

Marktgröße und Marktdynamik: Der unter den EG-Ländern größte Absatzmarkt schneidet im internationalen Vergleich eher ungünstig ab. Zurückzuführen ist dies beispielsweise auf eine seit Jahren mäßige Zuwachsrate bei der Binnennachfrage wie auf die bekannte Bevölkerungsentwicklung.

Arbeitskosten: Bei den Direktentgelten und Lohnnebenkosten in der Industrie nimmt die Bundesrepublik einen Spitzenplatz ein, wobei jedoch die unterschiedlichen Produktivitäten berücksichtigt werden müssen. Danach belegt die Bundesrepublik einen guten Mittelplatz. Das Wachstum der Lohnstückkosten war im Durchschnitt der letzten fünf Jahre deutlich geringer als in den anderen europäischen Ländern. Durch Wechselkursveränderungen wurde diese Differenz aber in der Regel ausgeglichen.

Strompreise: Im EG-Vergleich liegen die Industriestrompreise in der Bundesrepublik am höchsten. Der Verfall der Öl- und Gaspreise sowie der Preis für Importkohle und die Schwäche des US-Dollars begünstigte in den letzten Jahren diejenigen Länder, die in hohem Maße diese Energieträger einsetzen wie Großbritannien, die Niederlande und Frankreich. Zwar ist der Anteil der Stromkosten am Umsatz der deutschen Industrie mit 1-2% gering, es gibt jedoch Ausnahmen: Aluminium, Natrium und Chlor sind Beispiele für stromintensive Produkte mit einem Kostenanteil von 50% für Strom. Standortverlagerungen sind bereits angekündigt.

Umweltschutzkosten: Die bundesdeutsche Volkswirtschaft ist etwa dreimal so hoch belastet wie diejenige Frankreichs, Japans oder der Niederlande, immer gemessen am BSP-Anteil der Umweltschutzinvestitionen. Jedoch sind die entsprechenden Belastungen in den USA etwa um 50% höher als in der Bundesrepublik, wo im Durchschnitt des produzierenden Gewerbes die Investitionen und Betriebskosten für den Umweltschutz weniger als 3% der Bruttowertschöpfung ausmachen. Mit dieser Kostenbelastung gehen allerdings auch günstige ökonomische Effekte einher: Es entsteht Nachfrage und Beschäftigung. Außerdem ist mittelfristig eine internationale Vereinheitlichung des Umweltschutzes zu erwarten. Dann ergibt sich ein Wettbewerbsvorsprung der bundesdeutschen Unternehmen.

Unternehmenssteuern: Eine eindeutige Beurteilung ist hier besonders schwierig angesichts sehr unterschiedlicher Konzepte internationaler Steuerbelastungsvergleiche. Speziell bei einbehaltenen Gewinnen deuten die Befunde auf eine ungünstigere bundesdeutsche Position hin. Die effektive Steuerbelastung der Gewinne ist schwierig zu ermitteln. Modellrechnungen kommen für die Bundesrepublik zu ungünstigen Ergebnissen. Ein mittlerer Platz ergibt sich bei der gesamtwirtschaftlichen Steuerbelastung des Betriebsüberschusses. Die Unsicherheit bei internationalen Vergleichen wird z. B. durch die Frage erhöht, ob die zugrundeliegenden OECD-Daten wirklich vergleichbar sind.

Forschung und Entwicklung: Dieser Standortfaktor schlägt im Vergleich für die Bundesrepublik günstig zu Buche. Zu lange dauert aber die Umsetzung des technischen Wissens in neue Verfahren und Produkte.

Internationale Wettbewerbsfähigkeit: Im Trend hat sich die bundesdeutsche Weltmarktposition eher verbessert, wofür nichtpreisliche Gründe ausschlaggebend sind; dazu zählen Qualität, Schnelligkeit der Belieferung und flexible Anpassung an Kundenwünsche, aber auch die Warenstruktur der Ausfuhr.

Renditen: Im Mittelfeld bei den Umsatz- und Kapitalrenditen liegt die Bundesrepublik, wobei verfügbare Statistiken nur sehr bedingt vergleichbar sind.

Eigenkapitalversorgung: Auch hier eine Position im Mittelfeld, eine Ursache dafür ist die relativ geringe Tiefe des bundesdeutschen Aktienmarktes. Darunter sind Anzahl und Kurswert der börsennotierten AGs zu verstehen.

Die Diskussion mit Klaus Wieners zeigt, daß der Standort Bundesrepublik über Stärken und Schwächen verfügt:

Standort Bundesrepublik im Überblick

Faktor	günstige	mittlere Position	ungünstige
Marktgröße / Marktdynamik		x	
Arbeitskosten		x	
Energiekosten			x
Umweltschutzkosten			x
Ausbildungsniveau	x		
Leistungsbereitschaft		x	
Verkehrs- und Kommunikations-Infrastruktur	x		
Finanzdienstleistungen		x	
Eigenkapitalversorgung		x	
Forschung und Entwicklung	x		
Regulierungsdichte		x	
(nicht-preisliche) internationale Wettbewerbsposition	x		
Unternehmensbesteuerung			x
Renditen		x	

Hartmut Bechtold teilte Analyse und Perspektive in mancherlei Hinsicht und unterstrich die Bedeutung und Leistungsfähigkeit der Bundesrepublik als der Welt größter Exporteur.

Andererseits machte er auf Anzeichen aufmerksam, die für ein Zurückbleiben der Bundesrepublik hinter ihren wichtigsten Partnerländern sprechen, wie z. B. schwache Wachstumsraten, die zurückzuführen seien auf zurückbleibende produktive Kapitalanlagen. Dies macht ein Blick auf die Gewinn- und Investitionsquoten deutlich:

Der Anteil der *Nettoinvestitionen im gewerblichen Bereich* am Volkseinkommen ist kontinuierlich gesunken und beträgt nur noch vier Prozent. Sie lassen sich fast völlig aus den erwirtschafteten Gewinnen finanzieren. Der Anteil der Erweiterungsinvestitionen ist auf unter 50% gesunken zulasten der Ersatz- und Rationalisierungsinvestitionen. Gelder fließen zudem verstärkt in Finanzanlagen und ins Ausland.

Gestützt wird diese Analyse auch durch *Beobachtungen der OECD*, die in der Bundesrepublik Deutschland einen sich selbst verstärkenden und bedrohlichen Prozeß von Investitionsschwäche sieht, begleitet von geringer Beschäftigungsexpansion und daraus entstehender Nachfrageschwäche.

Die *Zusammenfassung* des Referenten lautete: Die Bundesrepublik ist ein hervorragender Industriestandort. Trotzdem drückt sich dies in den letzten Jahren nicht im Investitionsverhalten aus. An dieser Prognose dürfte sich auch in naher Zukunft nichts ändern.

Die *Ursachen* wurden in Umrissen wie folgt geschildert: In den siebziger Jahren hatte das Ausland eine gute Meinung vom „Modell Deutschland“. Heute sieht das anders aus. Die gegenwärtige Regierung tut sich schwer, die institutionellen Vorzüge des Industriestandorts Bundesrepublik Deutschland zu „verkaufen“, da sie deren Grundlagen wie stabile Sozialbedingungen aufgrund gesicherter Mitbestimmungsrechte nur bedingt akzeptiert. Zudem erschreckt nach dieser Auffassung die mangelnde Dynamik auf den Inlandsmärkten das internationale Kapital.

Internationalisierung der Kapitalmärkte: Bei ihren Kaufentscheidungen beurteilen die internationalen Anleger außer den Gewinnaussichten eines Unternehmens auch die wirtschaftliche Zukunft ganzer Länder. Inzwischen übersteigt die Summe jener Kapitalbewegungen die Transaktionen aus dem Güter- und Leistungsverkehr um ein Vielfaches. Sie bestimmen die Kursbewegungen und die Renditen und Zinsen eines Landes. Ferner haben sie sowohl auf die Verwertungsbedingungen als auch auf die Renditenansprüche des Industriekapitals entscheidenden Einfluß. Dabei schneidet die Bundesrepublik im internationalen Vergleich schlechter als in früheren Jahren ab. Verständlicherweise entstünden berechtigte *Ängste*, die aber von den Unternehmerverbänden kräftig geschürt würden. Dieser nur allzu vordergründigen Interessenpolitik deutscher Unternehmer widersprächen wirtschaftswissenschaftliche Untersuchungen ebenso wie Umfrageergebnisse unter den Unternehmern selbst zum Thema Binnenmarkt. Auch die Deutsche Bank befürchtet eher eine weitere Zunahme des Wohlstandsgefälles zwischen den reichen und den armen Ländern der Gemeinschaft, falls ein interner Finanzausgleich oder flankierende wirtschaftspolitische Maßnahmen ausbleiben sollten. Die Standortdebatte sei somit in erster Linie als politisches Manöver gegen die Arbeitnehmer und ihre Gewerkschaften zu sehen mit dem gezielten Versuch, die sozialen und machtpolitischen Gewichte zu verschieben.

Die *Diskussion* erhellte dann, daß an Zahlen und Fakten oftmals nicht zu deuteln ist, ihre politische Bewertung dennoch sehr unterschiedlich ausfallen kann. Sie läßt sich wie folgt zusammenfassen, wobei Perspektiven für künftiges Nachdenken mit einbezogen werden:

Der *Standort Bundesrepublik im EG-Binnenmarkt* bietet, von Ausnahmen abgesehen, brauchbare bis hervorragende Bedingungen. Die Betrachtungen sind dabei sehr spezifisch vorzunehmen, voreilige Verallgemeinerungen sind peinlichst genau zu vermeiden. Wesentliche Kriterien für eine Beurteilung sind z. B.:

— Infrastruktur (real, finanziell, administrativ)

— Industrielle Effizienz (Lohnkosten, Produktivität etc.)

— Humankapital (Arbeitsmarktstruktur, Ausbildungsniveau, Motivation, Reglementierung)

— Staatliche Investitionstätigkeit (Staatsquote, Steuerlast, Umverteilungsintensität)

— Politische und gesellschaftliche Stabilität (Akzeptanz der Staats-, Wirtschafts- und Gesellschaftsform, Intensität sozialer Spannungen).

Trotz berechtigter Sorge in einzelnen Bereichen besteht aus bundesdeutscher Sicht kein Anlaß zur Panikmache. Sozialdumping als Kriterium einer Standortdebatte erübrigt sich von daher völlig.

Die Bilanz der Europäischen Integration beweist, daß Arbeitnehmer dabei nicht schlecht gefahren sind, ohne allerdings zu den großen Gewinnern zu gehören. Der Binnenmarkt wird seine entscheidende Bewährungsprobe ablegen müssen im Kampf gegen die Massenarbeitslosigkeit. Eine Vielzahl von Maßnahmen ist dabei erforderlich: Dazu gehört auch eine ganz energisch ausgeweitete Regionalpolitik, um nur ein Beispiel zu nennen. Aus Arbeitnehmersicht wird es einen Binnenmarkt, neuhochdeutsch gesagt, als „self-fulfilling-prophecy" nicht geben. Aus Gewerkschaftssicht wird es den Binnenmarkt weder 1992 noch später ohne soziale Dimension geben.

IV. Der Europäische Binnenmarkt aus der Sicht der „anderen“

Die Europäische Gemeinschaft und die EFTA

Von Reinhard Rack, Graz

1. Einleitung

In einer Stadt europäischen Zuschnitts besonderer Art, nämlich in Triest, formulierte ein Beamter der EG-Kommission in einem Referat über „grenzüberschreitende Zusammenarbeit in Europa aus der Sicht der „Europäischen Gemeinschaft“ die Zielsetzung seines Ressorts in diesem Bereich etwa folgendermaßen:

Die EG habe ausschließlich EG-Interessen im Auge zu haben. Eine Unterstützung grenzüberschreitender Zusammenarbeitsbemühungen und im besonderen eine finanzielle Unterstützung derartiger Maßnahmen komme für die EG daher nur dann und nur dort in Betracht, wo aus dieser grenzüberschreitenden Zusammenarbeit sich ein konkreter Vorteil für die EG-europäische Grenzregion ergibt. (Der betreffende Beamte war freundlich genug hinzuzufügen, daß aus der Sicht dieser Eingrenzung ein EG-bezogener Vorteil wohl auch dann anzunehmen wäre, wenn es nur eben auch zu einem entsprechenden positiven Ergebnis auf EG-Seite komme.)

Weniger freundlich, dafür aber um so deutlicher, war der betreffende Beamte in der anschließenden Begründung für diese Sicht der Dinge. Er sprach klar aus, was man sonst in dieser Deutlichkeit kaum so gewohnt war, bzw. erwarten konnte, daß nämlich alle Grenzregionen und/oder sonstige Betroffene es ja nicht anders haben wollten. Sie wären selber schuld!

Es stünde ja jedem derzeitigen Nicht-EG-Staat frei, sich um eine Mitgliedschaft im Klub zu bewerben.

Es spricht für die personelle Besetzung dieser Tagung, daß sich unmittelbar im Anschluß an dieses Referat auch eine Gegenstimme erheben konnte. Sie kam von einem der anwesenden EG-Politiker, der sich, seinen eigenen Worten zufolge, mit diesem engen Europaverständnis nicht einverstanden erklären konnte.

Er wies daher mit ebenfalls vergleichsweise deutlichen Worten den von seinem beamteten Vorredner vertretenen Standpunkt zurück und hob ausdrücklich hervor, daß (nicht nur aus seiner Sicht) Europa nicht auf das Europa der Gemeinschaft reduziert werden dürfe.

Die zahlreich erschienen Vertreter von Nicht-EG-Mitgliedstaaten spendeten diesem Standpunkt begeisterten Beifall.

Für die Zwecke der heute zu besprechenden Fragen ist es freilich nicht genug, sich lobend oder kritisch gegenüber diesen Standpunkten zu verhalten. Es wird auch nicht genügen, sich selbstgerecht auf die Schulter zu klopfen und Fehler nur in der ohnehin aus jeder denkbaren Sicht problematischen Bürokratie zu suchen.

Im konkreten Fall ging bzw. geht es auch gar nicht um Bürokratiekritik und Bürokratenbeschimpfung.

Im Grunde genommen konnte nämlich der EG-Beamte gar nichts anderes tun, als er getan hat. Für die — aus der Sicht der EG-Drittstaaten — so unangenehme Einschätzung der Behandlung war der Beamte nicht wirklich verantwortlich. (Wenngleich in diesem Zusammenhang vielleicht die kritische Bemerkung gestattet ist, daß es tatsächlich in Brüssel den einen oder anderen Beamten gibt, dem seine Anti-Drittstaaten-Mentalität mehr als nur bloße Pflicht ist.) Schuld im Sinne von ausschlaggebend ist an der vergleichsweise engen Sicht EG-europäischer Standpunkte und Handlungsweisen das geltende EG-Recht selbst.

Es sind die Rechtstexte, die von Politikern beschlossen worden sind und die von den Beamten nur zu vollziehen sind (freilich mit einem deutlichen oder eben einem weniger deutlichen Enthusiasmus), die dafür maßgeblich sind, daß in der Vergangenheit häufig sich Nicht-EG-Mitgliedstaaten auch gleich als Nicht-Europäer fühlen mußten und / oder durften. Und es sind Rechtstexte, nämlich die Einheitliche Europäische Akte und das Binnenmarktprogramm, die — jeder für sich und beide gemeinsam — bestehende Ängste in die erwähnte Richtung nur verstärken können.

Zwar steht — das sei vorweg festgehalten — in keinem der beiden Texte — und im übrigen auch an keiner anderen Stelle der Römischen Verträge verbis expressis —, daß die Gemeinschaft sich von anderen abkapseln wolle und womöglich tatsächlich so etwas wie eine „Festung Europa" aufbauen wird. Aber im Ergebnis läuft es doch darauf hinaus:

Wann immer nämlich Drittstaaten mit der EG über eine allfällige gemeinsame Zukunft sprechen, kommt man sehr rasch an den Punkt des „bis hierher und nicht weiter".

Um nochmals das Beispiel von Triest zu bemühen und in seiner Aussagekraft gleichsam bis zum Letzten auszuschöpfen:

Als etwa österreichische Vertreter zur Sprache brachten, daß man bei ihnen zu Hause nun tatsächlich daran denke, über den eigenen Schatten zu springen und einen Beitrittsantrag stellen zu wollen, da war das auch wieder nicht recht: Für Beitrittsverhandlungen habe man derzeit gar keine Zeit, war da zu hören.

Man könnte nun versucht sein zu sagen, hier wird doch nur ein schlechtes Beispiel aufgeblasen, und gewissermaßen zur „cause skandaleuse" hochstilisiert. In Wirklichkeit sei doch alles ganz anders:

Seit der Luxemburger Erklärung des Jahres 1984 und den darauf folgenden Treffen von Visby bis Oslo werde doch mit der Gemeinschaft über einen Einheitlichen Europäischen Wirtschaftsraum verhandelt, und der Präsident der Kommission, Jaques Delors, habe doch gerade erst in seiner Grundsatzrede vor dem Europäischen Parlament vom 17. 01. 1989 seinen „très proches amis" in der EFTA wieder ähnliche Vorschläge gemacht.

Wie gesagt, man könnte das alles so sehen und deuten wollen. Aber damit würde man an den Realitäten einfach vorbeigehen.

Was damals in Triest — zugegebenermaßen in einem unbedeutenden Einzelfall — geschehen ist und gesagt wurde, hat nämlich Methode:

Es ist Stil und Inhalt vergangenen und gegenwärtigen Verhaltens der EG gegenüber Drittstaaten. Und wer es noch immer nicht glaubt, kann es schwarz auf weiß nachlesen, und zwar in den drei Bedingungen, die im Jahre 1987 in Interlaken Willy de Clercq namens der Kommission erstmals vorgestellt hat und die in der Folge immer wieder so wiederholt worden sind:

Erstens: Die Gemeinschaft muß ihrer eigenen Entwicklung Vorrang geben, wobei die Vollendung des Binnenmarktes bis 1992 und seine Konsolidierung auf der Grundlage der Einheitlichen Europäischen Akte absolute Priorität hat.

Zweitens: Die Gemeinschaft muß ihre Entscheidungsautonomie bewahren; eine Mitwirkung der EFTA-Staaten (wie überhaupt von Drittstaaten) an den gemeinschaftlichen Entscheidungsverfahren ist ausgeschlossen.

Und drittens: Die Gesamtbilanz der Vor- und Nachteile der ausgehandelten Abkommen muß ausgewogen sein.

Daß unter derartigen Rahmenbedingungen spektakuläre Erfolge ausbleiben können, hat man in der Zwischenzeit bereits zur Kenntnis nehmen müssen.

In der offiziellen Erklärung der EFTA-Regierungschefs auf der Osloer Tagung vom 14. und 15. März 1989 steht ein Satz, den man ein Jahr zuvor den beitritts-aspirativen Österreichern in der Gemeinschaft der EFTA-Regierungschefs noch sehr übelgenommen hat, nämlich:

„In mancher Hinsicht hat jedoch diese erweiterte Zusammenarbeit nicht ganz unseren Ambitionen und Erwartungen entsprochen."

Im sogenannten Scheich-Bericht — Bericht der Arbeitsgruppe für Europäische Integration an die (österreichische) Bundesregierung vom 20. Juni 1988 — hatte es damals zur pragmatischen Methode (mit den drei Bedingungen) noch geheißen: „Der multilaterale Weg, d. h. das koordinierte gemeinsame Vorgehen der Gruppe der EFTA-Staaten im Rahmen des „Follow up von Luxemburg" ist bisher im wesentlichen punktuell geblieben ...".

2. EG und EFTA — die (nahezu) idealen Partner

Geschichte, Geographie, Wirtschaftsdaten und ideologisch-politische Systemzugehörigkeit, wie immer man die Sache betrachtet: Die EFTA-Staaten sind integraler Teil dieses Europas, von dem hier und heute die Rede ist. Oder anders und zugegebenermaßen provokant ausgedrückt: Das einzige, was die EG und die EFTA-Staaten derzeit (noch) trennt, ist ein fehlender Gemeinschaftsvertrag.

Zum Stichwort europäische Geschichte fallen gerade hier in Dortmund die Assoziationen leicht. In einem Umkreis von rund 100 km Luftlinie liegen mit dem Teutoburger Wald, Aachen und Münster bzw. Osnabrück, Orte, die in allen unseren Geschichtsbüchern gemeinsame Geschichte repräsentieren.

Daß die genannten Orte wenigstens zum Teil sozusagen für gemeinsame Kriege stehen, soll nicht Anlaß zu Mißverständnissen sein. Immerhin wurde im Frieden von Münster und Osnabrück einer der längsten europäischen Kriege beendet.

Was europäische Geographie anlangt, so sind hier — zugegebenermaßen — die Grenzen fließend. Für die EFTA-Staaten allerdings ist die Sache klar und eindeutig.

Als unbestritten kann gelten, daß etwa die Alpenpässe von St. Gotthard zum Brenner immer schon Europa mit Europa verbunden haben. Und wenn, jedenfalls nach derzeitigen Gegebenheiten, dies Pässe außerhalb der Gemeinschaft liegen, dann stimmt hier etwas nicht. Man kann es auch prosaischer ausdrücken und die genannten — und noch einige andere — Alpentransversalen für den innergemeinschaftlichen ebenso wie für den innereuropäischen Verkehr schlicht und einfach als unverzichtbar erklären.

Vom gemeinsamen Erholungsraum und vom (zukünftigen) gemeinsamen Wasserreservoir Alpen soll hier noch gar nicht die Rede sein.

Der Part über die Wirtschschaftsdaten soll — ganz bewußt — so kurz und so unprätentiös wie möglich gehalten werden. Wer immer Teil der Gemeinschaft werden will, der sollte dies nämlich nicht allein aus wirtschaftlichen Motiven heraus anstreben. Europa ist und Europa muß mehr sein als stimmende Bilanzen.

Dessen ungeachtet — erwähnenswert ist die Sache schon: Die EG-europäische Wirtschaftsverflechtung praktisch aller EFTA-Staaten, allen voran die von Norwegen, Österreich, Schweiz und Schweden, ist höher als die durchschnittliche import- und exportseitige Binnenverflechtung fast aller derzeitigen EG-Mitgliedstaaten.

Die jeweiligen Pro-Kopf-Durchschnittseinkommen in allen EFTA-Staaten lägen im EG-europäischen Spitzenfeld.

Jedenfalls die Schweiz und Österreich verhalten sich mit ihren Währungen viel EWS-konformer als die echten EWS-Mitglieder, von den EG-Staaten, die hier (noch) überhaupt nicht mittun, gar nicht erst zu reden.

Wenn wirtschaftliche Kohäsion und Kohärenz Gemeinschaftsziele sind, dann braucht die EG die EFTA-Staaten!

Kommen wir nach all dem Gesagten nunmehr zum eigentlich springenden Punkt: Die EFTA-Staaten, alle EFTA-Staaten sind westliche, freiheitlich-demokratische Staaten!

An uns, an uns allen, ist nach Buchstaben und Geist des Art. 237 EWG-Vertrag nichts, aber auch schon gar nichts auszusetzen. Finnland, Island, Norwegen, Österreich, Schweden und die Schweiz sind europäische Demokratien im Sinne dieser Gemeinschaftsfundamentalnorm.

Auch gerade die Neutralität, die in etwas unterschiedlicher Weise in und für vier der erwähnten Staaten (noch) als ein Beitrittshindernis gesehen wird, ist nichts, was diesen vier Staaten ihre ideologisch-politische Zugehörigkeit zur Kategorie westlicher freiheitlicher Demokratien in Frage stellen könnte.

Anders als viele auch hierzulande glauben oder vorgeben, ist Neutralität in der Art und Weise, wie sie von den vier genannten Staaten verstanden wird, kein verspätetes Überbleibsel der Pest oder anderer, echter europäischer Plagen. Neutralität ist vielmehr, in ihrem Kern und in ihrer konkreten Ausgestaltung, ein Versuch auf dem Weg zu einer europäischen Friedensordnung.

Richtig ist — und darauf wird noch zurückzukommen sein —, daß Neutralität und militärische Bündniszugehörigkeit miteinander unverträglich sind. Hier und heute ist die Gemeinschaft aber auch ihrem eigenen Selbstverständnis zufolge kein Militärbündnis.

Richtig und wichtig ist auch — und darauf ist gleich hier einzugehen —, daß Neutralität und umfassende wirtschaftliche und politische Integration in bestimmten Grenz- und Krisenfällen miteinander womöglich nicht in vollem Umfang kompatibel sind.

Ohne hier eine lange und dann womöglich noch immer verkürzte, höchst technische Neutralitätsverträglichkeitsprüfung vorzuexerzieren, sei am Beispiel der österreichischen Beitrittsaspiration zur Probe aufs Exempel aufgerufen.

Und nur in der Form einer Behauptung sei vorweg ein überraschendes Ergebnis prognostiziert: Vieles, jedenfalls viel mehr als man gemeiniglich anzunehmen geneigt ist, kann auch der neutrale Staat an zukünftiger gemeinsamer europäischer Politik ohne weiteres mittragen.

Die Rolle des Neutralen als Trojanisches Pferd für die Europäische Einigung läßt sich technisch sauber ausschließen, wenn man nur dazu bereit ist, seriös darüber nachzudenken und seriös eine diesbezügliche Lösung zu akkordieren.

3. Eine gemeinsame Zukunft für die EFTA-Staaten und die Gemeinschaft

Die EFTA-Staaten — alle EFTA-Staaten — wollen eine möglichst umfassende Teilnahme am Binnenmarkt. Eine derartige wirklich umfassende Teilnahme am Binnenmarkt gibt es aus der Sicht der EG nur für Gemeinschaftsmitglieder. So gesehen ist die Lösung für die Zukunft einfach: Die EFTA-Staaten treten der Gemeinschaft als neue Mitglieder bei. Sie passen ja auch nahezu ideal in die Gemeinschaft hinein.

Spätestens ab hier wird der einfache Syllogismus kompliziert:

Denn gegenüber einem Beitritt zur Gemeinschaft haben die meisten — alle? — EFTA-Staaten gewisse Vorbehalte. Auch die EG selbst scheint derzeit nicht übermäßig an neuen Beitrittskandidaten und insbesondere nicht an solchen mit Sonderwünschen interessiert zu sein. Dieser Syllogismus endet damit in der totalen Sackgasse. Gar nichts geht.

Nachdem das keine besonders erfreuliche Zukunftsperspektive ist, wird man besser anders an die Sache herangehen: Wo liegen die wirklichen Probleme für eine gemeinsame Zukunft der EG und der EFTA-(Staaten) und wie kann man sie lösen?

Die Probleme — und zwar die für die EFTA-Staaten ebenso wie die für die EG selbst — liegen global und hinreichend vereinfacht formuliert in der möglichen Zukunft der Gemeinschaft.

Hic et nunc — hier und heute — könnten nämlich die meisten EFTA-Staaten sequentiell d.h. einer nach dem anderen, vermutlich alle EFTA-Staaten — sich mit der Idee eines Beitritts zum sogenannten acquis communautaire anfreunden. Allenfalls unter Berücksichtigung bestimmter oder jedenfalls bestimmbarer, in allen Fällen aber verhältnismäßig wenig gewichtiger Ausnahmeregelungen.

Von der Warte der Gemeinschaft aus betrachtet, würde ein derartiger Beitritt für eine EG mit der Ordnungszahl 18 in der Summe jedenfalls zu mehr Kohärenz und vielleicht sogar zu mehr Kohäsion führen, als sie derzeit gegeben sind.

Wenn und sobald die sogenannte politische Finalität der Gemeinschaft ins Spiel kommt, sieht die Sache wesentlich ungünstiger aus.

Wie an dieser Stelle für die Zwecke einer möglichst fruchtbaren Diskussion einmal bewußt sehr überzogen formuliert werden soll: Gar nicht so sehr, weil die gemeinsame (Vision von der) Zukunft der Gemeinschaft für neue Mitgliedstaaten so inakzeptabel wäre, sondern vielmehr deshalb, weil es für diese gemeinsame Zukunft nicht nur eine, sondern gleich zwei einschlägige Visionen — oder in der Terminologie der Juristen — zwei Auslegungen des Terminus „Europäische Union", wie ihn die EEA in das EG-Primärrecht eingeführt hat, gibt.

Eine Minimalvariante, das ist im wesentlichen der Status quo (hochgerechnet auf das Jahr 1992 ff.) und eine Maximalvariante, die viel weiter gehen kann, bis zu den Vereinigten Staaten von Europa.

Es steht dem Außenstehenden nicht wohl an — und unter Außenstehenden meine ich hier sowohl den Wissenschaftler aus einem Nochdrittstaat als auch den beitrittsaspirativen Drittstaat Österreich selbst, auf offene EG-interne Probleme hinzuweisen oder gar in diesbezüglichen offenen Wunden zu wühlen. Aber es geht nicht anders, wenn man überhaupt zu Ergebnissen gelangen will.

Man muß, ob man dies will oder nicht, darauf hinweisen, daß es — nicht erst heute — einen EG-internen Dissens in dieser Causa gibt, oder terminologisch vielleicht passender, noch keinen so genannten „Brüsseler Kompromiß" (in Anlehnung an einen heute wohl nicht mehr aktuellen sogenannten Luxemburger Kompromiß). Sprich: Einen Formelkompromiß, der die Tatsache verschleiern soll, daß es keine wirklich einheitliche Zukunftsvision innerhalb der Gemeinschaft gibt, und der wohl auch dazu dienen soll, möglichst viele Optionen für eine gemeinsame Zukunft offenzuhalten.

Ein derartiger Formelkompromiß ist in einer Gemeinschaft, wie es die EG ist, etwas ganz Legitimes. Man würde vermutlich einer Gemeinschaft, deren Handlungsmaxime totale Vorherbestimmtheit und Rigidität ist, auch gar nicht wirklich beitreten wollen, es sei denn, es ginge hier lediglich um die gemeinsame Administration eines Unterseekabels o. ä.

Man braucht solche Formelkompromisse. Sie dürfen nur nicht in ihren Auswirkungen überzogen werden. Und eine diesbezügliche Gefahr sehe ich im vorliegenden Fall.

Dabei wäre es gar nicht so schwer, zu einer — natürlich wieder kompromißhaften, dafür aber durchaus tragfähigen — Zukunftslösung zu kommen. Ich gehe bei einer unvoreingenommenen Betrachtung des Gemeinschaftsrechtes nämlich davon aus, daß es hier und heute in der EG bereits ein Zukunftsmodell gibt, das funktioniert, nämlich ein Modell der Konzentrischen Kreise.

Alle Gemeinschaftsmitglieder wollen in eine gemeinsame Zukunft fahren. Sie können das nicht alle bis zum selben Punkt in derselben Zeit in derselben Geschwindigkeit tun. Der eine oder andere hält daher für eine kurze Weile oder auch länger inne. Er legt gewissermaßen Zwischenstops ein.

Das sieht nach einem Europa à la carte aus — muß und soll es aber nicht sein; es ist auch nicht wirklich das immer wieder erwähnte Europa à plusieures vitesses.

Es ist — wie ich es am liebsten genannt haben möchte — ein Europa der Vielfalt in Einheit, oder noch besser: ein Europa der Einheit ohne Verzicht auf eine gewisse Vielfalt.

So etwas gab es in der Vergangenheit immer wieder, ich denke etwa an das „EWS-Modell", so etwas gibt es auch hier und heute. Zu denken wäre in diesem Kontext an die durchaus bewußt unterschiedlichen Integrations(teil)konzepte im Forschungsbereich, aber auch an die diversen „Sonderregimes" im Bereich von Regionalförderung udglm.

So etwas sollte es auch in der und für die Zukunft der Gemeinschaft geben.

Die Erarbeitung und die Administration derartig komplexer Modelle wären zugegebenermaßen aufwendiger als das Stromlinienkonzept — aber die Mühe würde sich lohnen. Die Gemeinschaft hat sich in der Vergangenheit mit gutem Grund immer wieder als etwas anderes gesehen als eine internationale Organisation. Nach der Abgrenzung von völkerrechtlichen Denkschemata wäre es nun wohl auch an der Zeit, sich von ausschließlich staatsrechtlichen Denkformen ab- und auszugrenzen! Warum sollte die Zukunft der Gemeinschaft nicht wirklich darin liegen, ein Gebilde sui generis zu sein?

Die Europäische Gemeinschaft und Osteuropa

Von Vladimir Shenaev, Moskau

Auch ich möchte in Thesenform meine Vorstellungen über die Integrationsprozesse in Europa vortragen. Zunächst jedoch die Frage: Was ist überhaupt Integration? Meiner Meinung nach ist Integration eine höhere Art von

— Internationalisierung,

— Globalisierung und

— Interdependenz.

Die moderne Welt ist sehr interdependent geworden, und die nationalen Probleme und die Probleme auf regionaler Ebene kann man nicht lösen, wenn wir das nicht in Betracht ziehen. Die Internationalisierung betrifft alle Ebenen: Mikroniveau und Makroniveau. Sehen Sie z. B. auf die Wirtschaft. Was sind jetzt die Unternehmen und insbesondere die großen Unternehmen? Sie sind fast alle transnationale Konzerne geworden; 30-40% der Produktion liegt schon nicht mehr in nationalen Grenzen. Dasselbe gilt für die Wirtschaftsbeziehungen unter den Staaten. Autarkie ist unmöglich in der heutigen Zeit.

Viele Probleme und Prozesse, welche noch vor 20 oder 10 Jahren nationalen Charakter hatten, sind global geworden. Ich spreche nicht nur über Umweltschutz. Das ist klar. Global geworden sind auch Fragen der Rohstoff- und Energieversorgung — insbesondere natürlich der Friedenssicherung. Frieden ist ein globales Problem. Viele regionale Probleme und Konflikte konnten gelöst werden, weil die UNO als Organisation solch eine große Rolle spielt. Nehmen Sie unseren Truppenabzug aus Afghanistan oder die Ereignisse in Angola und im Nahen Osten. Es geht nicht mehr um bilaterale Beziehungen im traditionellen Sinne. Es ist unser neues politisches Denken, Politik unter dem Aspekt zu sehen und zu betreiben, daß wir verflochten sind mit allen Ländern. Wir müssen die Interessen und Meinungen anderer Völker immer in Betracht ziehen: Unser Interesse muß auch das Interesse unserer Nachbarn sein. Die Einsicht in diese Interdependenz ist sehr wichtig und hilft uns, viele, viele Probleme zu lösen. Diese Theorie wird der Praxis helfen. Theorie ist sehr eng mit Politik verbunden. Wenn die Theoretiker neue Ideen haben und die Politiker diese Vorstellungen verstehen und danach ihre Außenpolitik führen, dann ist dies auch für die Praxis gut.

Noch eine Bemerkung zum Begriff Integration: Integrationsprozesse und Integration als Organisation sind keine identischen Begriffe. Integrationsprozesse können stattfinden, obwohl keine Integrationsgruppierungen existieren.

Integrationsgruppierungen, wie EG oder EFTA sind ganz neue Qualitäten. Wir haben gesehen, daß Österreich gute Beziehungen zur EG hat; fast 60% seiner Ausfuhr geht in die EG — nicht in die EFTA. Das ist ein Integrationsprozeß. Aber Integrationsgruppierungen sind etwas anderes. Hieran müssen die Staaten teilnehmen. Integrationsprozesse beobachten wir in Lateinamerika, in Afrika, in Asien. In Europa sehen wir deutlich Integrationen als Organisationen, z. B. EG und EFTA.

Und jetzt zu meinem eigentlichen Thema. Es betrifft unsere Einschätzung, unsere Sicht der Integrationsprozesse in Westeuropa. Manchmal sagt man uns, wir hätten früher eine negative Meinung über die Integration gehabt, z. B. über die EG. Jetzt haben wir eine andere Meinung. War also die frühere Meinung falsch? Natürlich gibt es nicht nur richtige Vorstellungen. Wir haben auch Fehler gemacht; das ist klar. Aber man muß auch folgendes zur Kenntnis nehmen: Die Integrationsprozesse selbst sind nicht immer konstant geblieben. Wenn wir die Integrationsprozesse nach dem zweiten Weltkrieg in Betracht ziehen, sehen wir, daß diese Prozesse viele Etappen hatten. Sie haben sich geändert. Und darum hat sich auch unsere Meinung geändert. Das ist Realität, Objektivität. Ich möchte nur vier Etappen nennen, welche aus meiner Sicht für die Integrationsprozesse in Westeuropa sehr wichtig waren:

Bei der ersten Etappe, nach dem Zweiten Weltkrieg bis Ende der 50er Jahre, bestand eine sehr enge Verbindung zwischen Wirtschaft und Politik. Natürlich kann man das nicht trennen: Integrationsprozesse in der Wirtschaft, in der Politik, auf militärischem Gebiet. Aber manchmal sind sie sehr eng bereits in den Organisationen verbunden, manchmal nicht. Nach dem Zweiten Weltkrieg gab es Integrationsprozesse in Europa. Aber die Väter damals waren nicht nur Hallstein und Monnet — auch die USA hatten daran ihr Interesse und haben entsprechende Hilfe für diese Integrationsprozesse geleistet, z. B. durch den Marshall-Plan und die Europäische Zahlungsunion. Das waren Integrationsprozesse in Europa, aber nicht nur auf wirtschaftlichem Gebiet.

1964 hat Churchill in Zürich eine Rede über die Vereinigten Staaten von Europa gehalten. Die Idee „Vereinigte Staaten von Europa" gab es jedoch schon früher, nämlich bei der Sozialdemokratie. Es gab hierüber große Diskussionen vor dem Ersten Weltkrieg und nach dem Ersten Weltkrieg und sogar nach der Oktober-Revolution. Aber als Churchill forderte: „Wir brauchen die Vereinigten Staaten von Europa!" hatte schon der „kalte Krieg" begonnen. Gegen wen brauchte man ein solches Vereinigtes Europa? Gegen die Sowjetunion, gegen den Sozialismus, gegen die sozialistischen Staaten? Die Antwort ist klar. Darum war unsere Meinung damals sehr negativ gegenüber diesen Prozessen.

Die zweite Etappe der Integration begann mit den Römischen Verträgen im Jahre 1957. Sie dauerte meiner Meinung nach bis Mitte der 70er Jahre. Hier haben wir gemerkt, daß der Integrationsprozeß eine neue Qualität bekommen hatte. Er war nicht primär militärisch ausgerichtet. Es war eine andere Organisation als die NATO oder Westeuropäische Union. Aber was die EG betrifft, haben wir gesehen, daß es dort nicht um militärische Forderungen, sondern hauptsächlich um wirtschaftliche Integrationen geht. Wir haben das verstanden und gemerkt, daß diese Integrationsprozesse auf wirtschaftlicher Ebene Erfolge haben, ihre Vorteile haben, und wir haben unsere Meinung geändert. Sie war schon nicht mehr so negativ wie früher, als wir die Integrationsprozesse nur von dem Standpunkt betrachtet hatten: Dies ist eine politische, militärische, gegen uns gerichtete Organisation. Diese Etappe vom Ende der 50er Jahre bis Mitte der 70er Jahre war eine Integration in die Tiefe. Sie hat sehr große Erfolge gehabt. 6 Länder, die von Anfang an diese Integrationsprozesse führten, waren ungefähr gleich in der Wirtschaftsentwicklung. Das ist sehr wichtig, wenn wir jetzt schon auf die späteren Probleme schauen, als es 12 Länder waren. Die Integrationsprozesse in der Breite begannen schon mit 9 Mitgliedern. Aber als es nur 6 Länder waren und die Infrastruktur gleich war, das Wirtschaftsniveau gleich war, gab es eine sehr dynamische Wirtschaftsentwicklung. Hingegen wuchsen die Widersprüche zwischen den USA und Westeuropa. In Europa war der Trend hauptsächlich zentripetal unter den europäischen Ländern und beschleunigte den Prozeß der Europäisierung. Aber zwischen Europa und den USA gab es meiner Meinung nach in dieser Periode einen zentrifugalen Trend. Mitte der 70er Jahre bildete sich unter den westlichen Ländern eine Dreiergruppe heraus: USA, Japan und Europa. Die USA hatten ihre monopolistische Position, welche sie bei der ersten Etappe hatten, bereits verloren.

Aber schon Mitte der 70er Jahre wurde eine neue Etappe begonnen. Das war die dritte Etappe der Integrationsprozesse, die bis Mitte der 80er Jahre dauerte. Welche Charakteristik hatte diese Etappe? Es war die Entwicklung der Integrationsprozesse in der Breite, aber in der Tiefe hatten die Integrationsprozesse große Schwierigkeiten. Es war dies die Zeit großer Wirtschaftskrisen (in den Jahren 1974/75 und 1980/82). Diese großen wirtschaftlichen Krisen waren überall in der Welt, aber für Europa spielten sie eine viel größere Rolle. Es war die Zeit, als Westeuropa gegenüber den USA an Boden verloren hatte. Meiner Meinung nach bekam die USA-Wirtschaft ihre Vorteile wieder. Warum war das so? Weil der Übergang von extensiver zu intensiver Weiterentwicklung der Wirtschaft aufhörte. Europa hatte Verspätung in der Umstellung seiner Wirtschaft.

Das ist sehr wichtig für uns, für die Sowjetunion. Wir haben alle Prozesse nach dem Zweiten Weltkrieg in Westeuropa genau beobachtet. Wir verstehen, daß wir große Erfahrungen dadurch bekommen können, die für uns sehr wichtig sind. Diese dritte Etappe bis Mitte der 80er Jahre hat sehr komplizierte Beziehungen auch innerhalb der europäischen Integration gezeigt. Wir haben bemerkt, daß Protektionismus nicht nur zwischen EG und USA und Japan aufkam. Es gab auch Erscheinungen des Protektionismus in der europäischen Region. Schon in Fontainebleau wurden Versuche unternommen, Kompromisse zu finden. In Luxemburg, Ende Dezember 1985, sind die europäischen Länder dann zu Kompromissen gekommen. Sie hatten verstanden, daß sie ihre Entwicklung verbessern müssen und daß sie ihre Integrationsprozesse weiter in die Tiefe führen müssen. So kam es zur Einheitlichen Europäischen Akte, zum Cecchini-Bericht mit dem Ziel, den gemeinsamen europäischen Markt zu verwirklichen. Von Anfang an existierte die Idee des gemeinsamen Marktes. Wir betrachten dieses Ziel als positiv. Warum ist es schlecht, wenn es gelingen wird, daß die Staaten in Westeuropa 200 Milliarden Dollar im Jahr sparen können, wenn Hindernisse, die zwischen den Staaten existieren, fallen werden. Mehr als 300 dazu erforderliche Maßnahmen sind im Cecchini-Report aufgelistet und schon ⅓ ist erfüllt.

Man muß natürlich nicht nur die wirtschaftliche Entwicklung in Betracht ziehen. Auch soziale Probleme spielen eine sehr große Rolle. Das sind die Probleme der Verteilung und der Umverteilung des nationalen Einkommens. Es war sehr wichtig für mich, Ihre Vorstellungen von diesen Problemen zu hören. Ich bin auch der Meinung, daß die sozialen Probleme eine sehr große Rolle spielen. Die Rolle der Gewerkschaften und die Rolle von gesellschaftlicher Beteiligung sind deswegen so wichtig, weil die gesellschaftliche Organisation und die gesellschaftlichen Bewegungen jetzt auch eine politische Kraft geworden sind. Nicht nur die staatliche Ebene und nicht nur die Parteien, sondern auch die Gesellschaft, die Wirtschaft spielen hier eine wichtige Rolle. Sie können ihren Einfluß auf die EG ausüben. Und das ist auch erforderlich, weil diese dritte Etappe der 80er Jahre den Europäern noch keine optimale Entwicklung gebracht hat.

Ich glaube aber, daß die vierte Etappe, welche wir jetzt betrachten, den Integrationsprozeß noch mehr in die Tiefe führt. Man muß alles daran setzen, daß diese Prozesse auch greifbare Vorteile für die Bevölkerung bringen. Es erweitern sich auch Beziehungen zwischen den Integrationen in Europa: Im vorigen Jahr ist ein Vertrag zwischen dem RGW und der EG abgeschlossen worden. Das ist keine tiefgreifende Maßnahme, aber politisch ist sie sehr wichtig. Die gegenseitige diplomatische Anerkennung von RGW und EG eröffnet neue Möglichkeiten: Jetzt werden auch einzelne sozialistische Länder Verträge mit der EG abschließen. Es sind schon von der Tschechoslowakei und Ungarn im vorigen Jahr Abkommen abgeschlossen worden. Und unser Land wird, wenn nicht 1989, dann im nächsten Jahr auch einen solchen Vertrag mit der EG abschließen.

Wir sehen sehr viel Neues hier — nicht nur den gemeinsamen Markt, welcher die freie Bewegung für Waren, Kapital, Arbeitskräfte und Dienstleistungen bringt, sondern auch bei wissenschaftlich-technischem Fortschritt. Im Rom-Vertrag war darüber noch nichts gesagt und jetzt ist es schon ein Schwerpunkt der Entwicklung der Integration. Natürlich muß man auch die sozialen Programme verbessern, damit wissenschaftlich-technische Revolution auch Vorteile für die breiten Schichten der Bevölkerung bringt. Nehmen wir z. B. das Währungsproblem, die Währungsunion. Ich bin der Meinung, daß Europa eine Zentralbank und auch eine einheitliche Währung braucht. Ich bin der Meinung, daß dies eine objektive Gesetzmäßigkeit ist und ich glaube, es ist gut. Wie sehe ich die Zukunft Europas?

Die erste Etappe, die wir besprochen hatten, war die Spaltung Europas, die Trennung zwischen Ost und West. Es war der kalte Krieg. Es war später die Entspannung, am Ende der 60er / Anfang der 70er Jahre. Treibende Kraft war hier die Bundesrepublik, die Sozialdemokratische Partei und Willi Brandt natürlich. Aber es gab auch die Unterstützung von Frankreich; die USA waren damals dagegen. Die erste Phase der Entspannung verlief in Europa, und die USA konnten nichts dagegen machen, sie mußten folgen.

Aber Ende der 70er Jahre / Anfang der 80er Jahre war der Entspannungsprozeß abgebrochen. Seit Mitte der 80er Jahre sehen wir jedoch eine ganz neue Situation in der Welt. Ich schätze das als eine zweite Phase der Entspannung ein. Die Erfahrung zeigt uns, daß die erste Phase der Entspannung nur darum keinen dauernden Erfolg hatte, weil sie allein die wirtschaftlichen Bedingungen verbessert hatte, aber auf der politischen Ebene und insbesondere auch auf der militärischen Ebene keine Abrüstung, sondern nur Aufrüstung stattfand. Menschenrechte, Kommunikationsprobleme waren von unserer Seite nie so ernst genommen worden. Heute erkennen wir ein neues politisches Denken, welches nicht nur uns gehört. Erfolge des neuen politischen Denkens wird es nur geben, wenn auch andere Länder umdenken. Das ist klar. Einseitig kann man das nicht verwirklichen. Aber unsere Schritte sehen Sie. Was haben wir gemacht? Hauptsächlich politische Veränderungen: Militärische Abrüstungsmaßnahmen und sehr viel auf dem Gebiet der Menschenrechte. Das sind die Probleme, welche früher für uns so schwierig waren. Jetzt haben wir Schwierigkeiten hauptsächlich in den Wirtschaftsbeziehungen. Früher war es so: Auf der militärischen Ebene — Schwierigkeiten, in humanitären Problemen — Schwierigkeiten, mit anderen Worten — wir hatten Schwierigkeiten am „ersten Korb" und „dritten Korb" von Helsinki. Aber mit dem „zweiten Korb" — wirtschaftliche Beziehungen — waren wir stolz. Und das war zufällig, weil die Preise für Erdöl am Anfang der 70er Jahre hoch waren. Hinzu kamen die vielen Kredite, die unsere Nachbarn bekommen hatten. Das waren die Voraussetzungen für gute Wirtschaftsbeziehungen. Aber Ende der 70er / Anfang der 80er Jahre kam der sog. Erdölschock. Da hatten wir Verluste. Asymmetrie gab es also nicht nur auf militärischer Ebene, sondern auch auf wirtschaftlicher Ebene, hier jedoch nicht zugunsten der sozialistischen Länder. Das sehen wir. Die Situation hat sich geändert. Das ist die zweite Phase der Entspannung, und wir müssen das ausnutzen. Das ist die Zukunft.

Das Hauptziel für ein gemeinsames europäisches Haus besteht darin, die Spaltung in Europa zu überwinden. Die erste Etappe, über die wir gesprochen hatten, war eine Spaltung von Europa zwischen Ost und West. Jetzt müssen wir zusammen alles tun, damit diese Spaltung in Europa, diese Trennung in Europa zwischen Ost und West — auch in Deutschland — überwunden wird. Alle Probleme kann man lösen, wenn wir Sicherheit in Europa haben werden. Dafür müssen wir kämpfen. Die ideologischen Probleme in der ersten Etappe haben zum kalten Krieg geführt. Jetzt brauchen wir eine Entideologisierung vor allem der außenpolitischen, zwischenstaatlichen Beziehungen. Schritt für Schritt weg mit den Blöcken. Dann werden wir auch auf wirtschaftlicher Ebene allmählich dazu kommen, daß unsere drei Integrationen, welche jetzt in Europa existieren, EG, EFTA und RGW, zur Vertiefung der Zusammenarbeit führen werden.

Ich möchte Ihnen zeigen, wie sich unsere Meinung geändert hat. Das Institut für Weltwirtschaft und internationale Beziehungen, in dem ich lange gearbeitet hatte, bevor ich im Europa-Institut anfing, wurde im Jahre 1957 gegründet. Bis zu dieser Zeit, nach dem Zweiten Weltkrieg, hatten wir überhaupt kein Forschungsinstitut, welches sich mit solchen Problemen beschäftigte. Der Römische Vertrag und IUEMO stammen also aus demselben Jahr. Es war klar, daß wir von Anfang an die Integrationsprozesse zum Kernpunkt unserer Forschung machten. Es haben viele internationale Konferenzen stattgefunden. Die Hauptaufträge der ersten Konferenzen über die Integrationsprozesse bestanden darin: Da sie politische, militärische Bedeutung haben, sind wir dagegen. Schon im Jahre 1960 und 1962, das können Sie in unseren Veröffentlichungen und den Thesen des Instituts für Weltwirtschaft und Internationale Beziehungen nachlesen, wurde eine ganz andere Meinung geäußert, daß nämlich die Integrationsprozesse, insbesondere auf wirtschaftlichem Gebiet objektiven Charakter haben. Damals wurde gesagt, daß wir das Entstehen der EG als objektive Gesetzmäßigkeit betrachten. Wir haben bemerkt, schon in den 60er Jahren, daß diese wirtschaftlichen Prozesse objektiven Charakter haben.

Wenn wir sagen, daß der Binnenmarkt im Jahre 1993 schlecht für uns ist, so stimmt das nicht. Es werden Schwierigkeiten kommen; es wird aber auch positive Erscheinungen geben. Ich kann mir nicht vorstellen, daß der Binnenmarkt hier in Westeuropa zum Ziel hat, weg mit den Beziehungen zu USA, Japan, Sowjetunion und der Dritten Welt; denn man kann diese Prozesse parallel führen. Integration in die Tiefe nach innen und zunehmende Kooperation untereinander. Wenn wir nicht gegen die Integrationsprozesse sind, werden sie auch Hilfe für die Beziehungen zwischen den Nationen leisten. Wir werden unsere Beziehungen mit anderen Ländern in Europa vertiefen. Wenn wir erst einmal Marktbedingungen haben, dann haben wir gleiche Bedingungen in ganz Europa. So kommen wir zum gemeinsamen europäischen Markt und zu einer gemeinsamen europäischen Wirtschaftsentwicklung.

Das ist nicht nur ein Traum. Das sind die Ziele, die Gestalt annehmen, aber peu à peu, vielleicht erst im nächsten Jahrhundert. Aber wir müssen das wollen. Dann werden auch die Integrationen als Institutionen ihre Rolle erfüllt haben, und sie werden aufgelöst wie die Militärblöcke. So sehe ich die Zukunft Europas, als ein gemeinsames europäisches Haus.

Die Europäische Gemeinschaft und die „Dritte Welt"

Von Ramesh Jaura, Neu Delhi

Der Geist von Gorbatschow schwebt über uns*). Mitten im Prozeß der Gorbisierung Europas und der Bundesrepublik mag es tatsächlich deplaziert erscheinen, über die Belange der Dritten Welt zu reden. Der Dritten Welt ist es aber höchst willkommen, daß das neue Denken in der Sowjetunion auch die Verantwortung der Sowjetunion gegenüber den Ländern der Dritten Welt erkennt. Es ist willkommen, daß die Sowjetunion die Asymmetrien anerkennt — um diesen Jargon zu gebrauchen —, die es in den Nord-Süd-Beziehungen gibt. Was aber daraus konkret wird, das müssen wir noch abwarten. Wenn aber jemand wie ich, der aus einem Land der sogenannten Dritten Welt kommt, einem Land wir Indien, das einerseits arm ist und andererseits zu den Schwellenländern gehört, und über die Beziehungen der Europäischen Gemeinschaft zur Dritten Welt spricht, dann kann er nicht umhin, auf die wachsende Bedeutung des Handels und zugleich auf die zunehmende Wichtigkeit der Entwicklungshilfe einzugehen, insbesondere wenn es sich um Europa nach Verwirklichung des Binnenmarktes handelt. Erwarten Sie keine Patentrezepte von mir, wie die Beziehungen der EG zu den Ländern Afrikas, Asiens und Lateinamerikas derart gestaltet werden können, damit eine echte Interdependenz entstehen kann. Meine Ideen diesbezüglich sind nicht sonderlich originell. Vieles von dem, was ich vortragen müßte, wird Ihnen wahrscheinlich längst bekannt sein. Dennoch bitte ich Sie, mir zu gestatten, bereits Bekanntes zusammenzufassen und das eine oder andere aus der Sicht *eines* Vertreters der gigantischen südlichen Hemisphäre, in der ⅔ der Menschheit lebt, darzulegen.

Wenn vom Europäischen Binnenmarkt die Rede ist, der Ende 1992 verwirklicht werden soll, so steht für Entwicklungsländer nicht nur der Handel, sondern auch die Entwicklungshilfe im Mittelpunkt. Das Tandemverhältnis zwischen Handel und Entwicklung ist jedoch weit davon entfernt, ins öffentliche Bewußtsein zu rücken. Bezeichnenderweise (und das haben wir auch heute Vormittag gemerkt) wird im Zusammenhang mit der EG 1992 nur wenig über die Länder der Dritten Welt gesprochen. In der Hauptsache geht es um die Sorgen in Osteuropa, in den EFTA-Staaten, in Japan und in den Vereinigten Staaten. Der Begriff „Festung Europa" wurde sogar in den USA geprägt.

Die EG-Kommission ist bemüht, Bedenken und Befürchtungen zu Europa 1992 oder 1993 zu begegnen. Es wird versichert, daß der Binnenmarkt eine

*) Präsident Gorbatschow hatte am Vortag vor Hoesch-Arbeitern in Dortmund gesprochen.

interne Zielsetzung habe: die Herstellung des freien Waren-, Personen-, Dienstleistungs- und Kapitalverkehrs innerhalb der Gemeinschaft. An der Außenwirtschaftspolitik, bei der die Belange der Länder der Dritten Welt berücksichtigt werden sollen, werde nicht gerüttelt. Weiter heißt es: Die bedeutendste Handelsmacht der Welt, die die EG darstellt, könnte sich ja sowieso eine Abschottung ihres Marktes gar nicht leisten. Aufgrund ihrer engen Verflechtungen mit dem internationalen Markt habe sie, wie kein anderer ein vitales Interesse an der Liberalisierung des Welthandels. Eine Abschottung des EG-Marktes wäre auch aus rechtlichen Gründen nicht vorstellbar, so wird gesagt. Denn das gegenwärtige Außenwirtschaftssystem der EG ist in ein vielfältiges internationales Vertragssystem eingebunden, das eine einseitige Abwendung unmöglich macht. Dieses gelte nicht nur hinsichtlich des GATT, sondern auch im Hinblick auf die besonderen Abkommen von Lomé, die Abkommen mit den südlichen und östlichen Mittelmeer-Ländern und die Abkommen mit der EFTA. Die Verplichtungen von Punta del Este böten eine zusätzliche Gewähr gegen eine mögliche Tendenz zu neue protektionistischen Maßnahmen. Ferner, so die EG-Kommission, könne sich die Gemeinschaft eine Abschottung ihres Marktes politisch nicht leisten, ohne ihr Gewicht und sogar ihre Glaubwürdigkeit im internationalen Geschehen infrage zu stellen.

Ob all diese Argumente in der Praxis standhalten, bleibt dahingestellt. Denn es ist unbestritten, daß von der Verwirklichung des Europäischen Binnenmarktes ungeheure Wachstumsimpulse ausgehen werden. Gerade dies birgt in sich die gefährliche Versuchung zur zumindest partiellen Abschottung und zu provinzieller Selbstbezogenheit. Wie diese Selbstbezogenheit aussehen könnte, stellte der damalige Bundesminister für Wirtschaftliche Zusammenarbeit, Hans Klein, in einer vielbeachteten Rede vor der Deutschen Gesellschaft für Asienkunde plastisch dar. Er sagte: Der Welt produktionsstärkster und kaufkräftigster Wirtschaftsraum könnte es sich in der Tat eine Reihe von Jahren leisten, die merkantilistischen Kurzsichtigkeiten der Zoll-, Subventions-, Steuer- und Sozialpolitik seiner einzelnen Mitgliedsländer den bestehenden und in den letzten Jahren umfangreicher gewordenen Protektionismusinstrumentarien der EG noch hinzuzufügen. Ja, der Europäische Binnenmarkt könnte dem Rest der Welt eine gewisse Zeit lang sogar die Terms of Trade völlig diktieren. Andererseits aber, so der Bundesminister, je weiter sich der Europäische Binnenmarkt gegenüber der Umwelt öffne, je mehr die EG aus den Entwicklungsländern einführe und damit die Produktion und den Sozialstand erhöhe, desto mehr können die EG-Staaten in die Entwicklungsländer ausführen. Und das ist richtig so. Denn wem man nichts abkauft, dem kann man auf die Dauer nichts verkaufen, es sei denn, daß man das unintelligente markt- und entwicklungshemmende Spiel der gigantischen Kreditfinanzierung des Nord-Süd-Handels bedenkenlos weitertreibt, das schließlich zu dem 2000-Milliarden-DM-Schuldenberg geführt hat.

Die Einsichten des damaligen Bundesministers sind selbstverständlich ebenso ermutigend wie die Zusicherungen seitens der EG, daß der große Binnenmarkt

1992 offen bleiben wird. Allerdings bedürfen die Auswirkungen der Vollendung des Binnenmarktes einer genaueren Untersuchung. Dies hat der Generaldirektor für Entwicklung bei der EG-Kommission, Dieter Frisch, vor kurzem ungeschminkt dargestellt. Er sagte: Die Auswirkungen der Vollendung des Binnenmarktes werden je nach der Wirtschaftsstruktur und Wettbewerbsfähigkeit unserer Partnerländer von unterschiedlicher Art und Intensität sein. Die neuen Möglichkeiten wird Japan besser zu nutzen verstehen als Senegal und — um im Kreise der Entwicklungsländer zu bleiben — Süd-Korea besser als Burkina Faso. Die Gemeinschaft wird daher, soweit die Auswirkungen des Binnenmarktes nicht rein mechanisch sind, sondern gestaltbar bleiben, zu differenzieren haben zwischen starken, voll wettbewerbsfähigen Ländern und schwächeren Partnern.

Mit den Folgen des Europäischen Binnenmarktes für die Entwicklungsländer befaßt sich auch das Hamburger Institut für Wirtschaftsforschung: „Unternehmen in den Staaten der Dritten Welt sollten nicht verkennen, daß der Binnenmarkt die Wettbewerbsbedingungen nachhaltig verändern wird. Die in der EG ansässigen Betriebe werden durch die Aufhebung der Hemmnisse für grenzüberschreitenden innergemeinschaftlichen Handel mit Gütern und Dienstleistungen einem stärkeren Konkurrenzdruck als bisher unterliegen. Den durchaus berechtigten Befürchtungen vieler Entwicklungsländer, angestammte Absatzgebiete zu verlieren, die in den vergangenen Jahren oft nur unter großen Opfern erschlossen und verteidigt werden konnten, müssen jedoch die Vorteile entgegengehalten werden, die durch den Binnenmarkt für Lieferanten aus Ländern der Dritten Welt entstehen."

Was sind die möglichen Vorteile für Exporteure aus den Ländern der Dritten Welt? An die Stelle der bestehenden Europäischen Gemeinschaft, die zwar ein riesiges, aber im Augenblick sehr heterogenes Wirtschaftsgebiet darstellt, wird Ende 1992 ein einheitlicher Markt treten. Dadurch würden sich die hohen Vertriebs- und Marketingkosten wesentlich senken. Eine Präsenz durch Händler oder eine eigene Vertretung würde nicht mehr in allen EG-Staaten notwendig sein. Es würde genügen, von zentralen Punkten aus die Kunden zu beliefern. Vereinheitlichte Normen würden die Ausweitung der Stückzahlen erlauben und die Produktionskosten für Güter senken, die für den Verkauf in die Gemeinschaft bestimmt sind.

Unklar ist jedoch, in welchem Umfang Nach- und Vorteile des Binnenmarktes für die Entwicklungsländer im allgemeinen anfallen werden. Die süd-ostasiatischen Schwellenländer und einige Entwicklungsländer in der Katagorie der mittleren Einkommensgruppe würden es sicherlich leicht haben, sich den neuen Gegebenheiten anzupassen. Aber das trifft nicht zu für eine Reihe von anderen Entwicklungsländern. Nach Meinung von Experten ermöglicht der in der EG ansässige Importhandel die Nutzung seiner Infrastruktur, d.h., die Entwicklungsländer können die Infrastruktur, die innerhalb der EG vorhanden ist, benutzen, um ihre Exporte zu diversifizieren und zu rationalisieren.

Aber alle Bemühungen der Entwicklungsländer, die möglichen Chancen des Binnenmarktes in ihrem ureigenen Interesse zu nutzen, werden sich als sinnlos erweisen, wenn sich die Gemeinschaft nach 1992 gegen Einfuhren abschottet. Daß die Befürchtung einer „Festung Europa“ keineswegs unbegründet ist, hat ebenfalls das renommierte Deutsche Institut für Entwicklungspolitik in Berlin bestätigt. Es meint, daß innerhalb der Gemeinschaft heute nur Dänemark, die Niederlande und die Bundesrepublik Deutschland wirklich liberale Märkte aufweisen. Während 2/3[53] des Handelsaustauschs der EG gegenwärtig zwischen den 12 EG-Partnerländern mit ihren 320 Millionen Einwohnern stattfindet, sind die 3,8 Milliarden Menschen in der Dritten Welt am EG-Außenhandel bislang nur mit 1/3[58] beteiligt. Es ist also, wenn man es so sehen will, ein ungenutztes Potential vorhanden. Es sind ungeahnte Entwicklungsmöglichkeiten vorhanden, wenn die „Festung Europa“ alle Zugbrücken herunterläßt und die Tore weit öffnet. Nur dann kann die Perspektive 1992 von den Entwicklungsländern als ein politisches Positivum gesehen werden.

Dieser Optimismus sollte uns nicht dazu verleiten, gewisse Probleme und Gefahren zu verniedlichen. Dazu hat der bereits genannte Generaldirektor für Entwicklung bei der EG-Kommission, Dieter Frisch, ausgeführt: Die unterschiedliche Fähigkeit unserer Partner, die Möglichkeiten des großen Binnenmarktes zu nutzen, zusammen mit der Tendenz zu weltweiter Liberalisierung und damit zur Verminderung der möglichen präferenziellen Behandlung der Entwicklungsländer wird zu verschärftem Wettbewerb auf unserem Markt führen. Dabei könnten es die Schwächsten zunächst schwerer haben. Sie müssen deshalb auf besondere entwicklungspolitische Rücksichtnahme und Unterstützung rechnen können. Auch erscheint die Sorge nicht abwegig, daß Privatinvestoren das Engagement in den Binnenmarkt für so attraktiv halten, daß dies zu Lasten von Investitionen in den Entwicklungsländern gehen könnte. Frisch vertritt mit Recht die Meinung, daß die Gemeinschaft diesen Tendenzen entgegenwirken sollte, will sie die Glaubwürdigkeit ihrer Entwicklungspolitk nicht infrage stellen. Daher ist es erforderlich, daß die EG die bisherigen Sonderegelungen, die sie zugunsten der Entwicklungsländer getroffen hat, nicht nur fortschreibt, sondern sondern — wo immer möglich — sogar verbessert.

Erforderlich ist ebenfalls, daß die EG den Entwicklungsländern tatkräftig zur Seite steht, um sie mit den neuen Gegebenheiten des Gemeinschaftsmarktes vertraut zu machen, um ihnen die Anpassung an diese neuen Gegebenheiten zu erleichtern und ihre Wettbewerbskraft zu stärken. Darüber hinaus sollte die EG in ihren Bemühungen um die Förderung von privaten Investitionen in den Entwicklungsländern nicht nachlassen und auch nach neuen Wegen suchen. Im übrigen darf die Gemeinschaft auch bei der Errichtung des Binnenmarktes die Interessen der Entwicklungsländer und ihre Verpflichtungen ihnen gegenüber auf keinen Fall unberücksichtigt lassen.

Es ist gut, daß die EG sich die Erarbeitung eines gemeinschaftlichen Regimes z. B. im Fall von Bananen vorgenommen hat. Gerade am Beispiel der Bananen zeigt sich, wie schwer das Geschäft ist. Gilt es doch, verschiedene zunächst widersprüchliche Interessen der Erzeuger und der Verbraucher in Einklang zu bringen. Darüber hinaus müssen die berechtigten Interessen der Entwicklungsländer und die besonderen Verpflichtungen, die die EG gegenüber einigen von ihnen eingegangen ist, berücksichtigt werden.

Eine weitere Maßnahme, die m. E. die Vollendung des Binnenmarktes im Bereich des Handels erforderlich macht und die die Belange der Entwicklungsländer berührt, ist die Harmonisierung der unterschiedlichen Normen, wie etwa den Schutz der Gesundheit, die öffentliche Sicherheit, die Umwelt, aber auch das Herstellungsverfahren oder technische Sicherheit betreffend. Hier haben die Entwicklungsländer die Befürchtung, daß die EG die Rechtsangleichung zum Anlaß nehmen könnte, neue Barrieren um sich aufzubauen. Der Stand der technischen Entwicklung in den Entwicklungsländern entspricht meist nicht dem der Gemeinschaft.

Die EG-Kommission weist in diesem Zusammenhang darauf hin, daß die Beseitigung der technischen Handelshemmnisse in allen ihren Aspekten dem Normenkodex des GATT unterworfen ist. Die Gemeinschaft könnte es sich gar nicht leisten, die Rechtsangleichung zum Anlaß zu nehmen, eine Schutzmauer um sich aufzubauen. Allerdings — so die EG-Kommission — stellt die Rechtsangleichung auch eine Herausforderung dar: innerhalb der Gemeinschaft und an die Entwicklungsländer. Ich meine, gewisse Befürchtungen der Entwicklungsländer müssen ernstgenommen werden. So verlangt z. B. die Einheitliche Akte in Bereichen der Gesundheit, der Sicherheit, des Schutzes der Umwelt und des Schutzes der Verbraucher eine Harmonisierung auf dem höchsten Niveau. Diese Forderung stellt gerade die Länder der Dritten Welt vor große Schwierigkeiten.

Die Gemeinschaft ist gefordert, hier Verständnis für die Entwicklungsländer aufzubringen. So wird sie die Unabdingbarkeit ihrer innergemeinschaftlichen Zielsetzung in konkreten Fragen auch an den Zwängen und Bedürfnissen der Entwicklungsländer messen müssen. Sie wird die Möglichkeit in Erwägung ziehen müssen, den Entwicklungsländern einen längeren Zeitraum zur Anpassung an die neuen Normen einzuräumen. In bestimmten Fällen ist sie aufgefordert, den Entwicklungsländern durch technische und finanzielle Unterstützung bei der Anpassung ihrer Erzeugnisse an die neuen Erfordernisse behilflich zu sein.

Ein wesentliches Instrument neben der Harmonisierung der Normen zur Beseitigung technischer Handelshemmnisse ist ihre gegenseitige Anerkennung. Dieser Grundsatz erfaßt nicht nur die Waren, die in einem Mitgliedstaat der Gemeinschaft ihren Ursprung haben, sondern auch die Erzeugnisse, die in einen Mitgliedstaat rechtmäßig eingführt und zum freien Verkehr abgefertigt sind. Es wird argumentiert: Wenn einmal die Waren nach diesem Prinzip in einem Mitgliedstaat der Gemeinschaft eingeführt worden sind und zum freien Verkehr abgefertigt wurden, so könnten sie in der gesamten Gemeinschaft frei zirkulieren. Also brauchten die Entwicklungsländer die Exporte nicht in jedem Land der EG neu zertifizieren zu lassen. Das ist gut und leichter gesagt als getan. Denn das Problem liegt eben darin, daß die Mehrzahl der Entwicklungsländer nicht in der Lage sein wird, die von der EG gestellten Forderungen zu erfüllen.

Unabhängig vom handelspolitischen Aspekt der Vollendung des Binnenmarktes sollte die Europäische Gemeinschaft nichts unterlassen, ihre Anstrengungen im Bereich der Entwicklungshilfe zu verstärken. Innerhalb der EG-Kommission gibt es die Verfechter der Vernunft, die wissen, daß die Konzentrierung der Debatte auf die Handelsproblematik von der Entwicklungshilfe ablenken und sogar das Motto „More trade — less aid" zum willkommenen Alibi machen kann. Denn zum einen ist es keineswegs sicher, daß die schwächeren Entwicklungsländer — und um die geht es bei der Entwicklungshilfe — aus der Vollendung des Binnenmarktes tatsächlich zusätzliche Vorteile ziehen. In gewissen Bereichen könnten sogar durch den verschärften Wettbewerb zunächst Erschwerungen ihrer Position entstehen. Zum anderen ist der Export für viele Entwicklungsländer leider nicht der Motor für Entwicklung, wie Theoretiker der Nutzung komparativer Kostenvorteile gerne vorgeben.

Zum Glück gibt es innerhalb der EG-Kommission einige, die man als „Motor der Dritte-Welt-Lobby" bezeichnen kann, und die sind der Meinung, daß zumindest den Partnerländern der EG zugesichert werden soll, daß die Entwicklungshilfe der Gemeinschaft nach Vollendung des großen Binnenmarktes kräftig steigen wird. Allein die Erhaltung der Entwicklungshilfe der Mitgliedsstaaten auf dem derzeitigen Stand von durchschnittlich 0,5% des Brutto-Sozialproduktes würde nach Berechnungen mittelfristig zu einer realen Steigerung von 5% über das jetzige Volumen hhinausführen. Und wenn diese „Dritte-Welt-Lobbyisten" Erfolg haben sollten, dann könnte die neue Wirtschaftsdynamik ein zusätzlicher Anreiz sein, dem 0,7%-Ziel zügig näher zu kommen. Solange die EG jedoch auf die Koexistenz nationaler und gemeinschaftlicher Entwicklungshilfepolitiken angewiesen ist, sollten ihre Mitgliedsstaaten zumindest auf ein abgestimmtes, kohärentes Vorgehen verstärkt hinwirken. Denn den Entwicklungsländern ist es schwer verständlich, daß die EG-Staaten ihnen gegenüber in handelspolitischen Fragen als Einheit auftreten — da es um die eigenen Interessen geht —, während sie in der Entwicklungshilfe, in der Schuldenfrage, bei der Weltbank, beim Weltwährungsfonds weitgehend getrennt marschieren und darauf hinweisen, daß jeder Staat souverän ist und eigene Entscheidungen treffen muß. Ich meine, 1992 sollte die EG sich auch solchen Fragen stellen, selbst wenn sie technisch nicht mit der Verwirklichung des Binnenmarktes zusammenhängen.

Die Forderung an die Gemeinschaft muß also lauten: Verbesserung der Verfahren und Mittel in der Nord-Süd-Zusammenarbeit. Dazu gehören auch verbesserte Handelsbeziehungen als Teil partnerschaftlicher Zusammenarbeit mit den rohstoffexportierenden Ländern. Der gemeinsame Fonds, das zentrale Finanzierungsinstrument des im Rahmen des UNCTAD vereinbarten Rohstoffprogramms ist leider noch nicht in Kraft getreten. Deshalb sollte die EG zunächst ihr Stabec-System durch die Einbeziehung neuer Produkte, die Neufassung des Referenzniveaus und durch eine Erhöhung der verfügbaren Finanzmittel erweitern. Sie muß ihr System der allgemeinen Zollpräferenzen mit dem Ziel ändern, den ärmeren Entwicklungsländern einen besseren Zugang zum großen Binnenmarkt zu bieten, ohne die Differenzierung als negatives Instrument für andere Länder einzusetzen.

Wie schätzt aber die deutsche Industrie die Konsequenzen des EG-Binnenmarktes für die EG-Außenwirtschaftsbeziehungen ein? In einem Grundsatzpapier aus Januar 1989 hat sich der Bundesverband der Deutschen Industrie (BDI) mit diesem Thema befaßt. Über die Reaktionen der Entwicklungsländer heißt es: Die meisten Länder erwarten nach 1992 angesichts der Erfahrungen im Agrar- und Rohstoffhandel keine Verbesserung ihrer Positionen auf dem EG-Binnenmarkt, eher eine Verschlechterung. Für viele Entwicklungsländer ist der gesicherte Zugang zum EG-Binnenmarkt gemäß dem Präferenzabkommen von Lomé wesentlich. Die EG nimmt 1/3[54] aller Entwicklungsländer-Exporte auf, der gemeinsame Binnenmarkt könnte zu verbesserten Absatzchancen für Entwicklungsländer-Produkte führen.

Dies ist durchaus eine annehmbare Zusammenfassung der Haltung der Entwicklungsländer vis-à-vis Binnenmarkt 1992.

Dann aber heißt es, und ich zitiere: „Die von den Entwicklungsländern geäußerte Sorge vor reduzierter Präferenzwirkung ist kein ernst zu nehmendes Argument“. Ich finde, es ist schier unglaublich, was der BDI in seinem 19-seitigen Papier um Thema „Binnenmarkt 1992 und Entwicklungsländer“ zustande bringt, nämlich 8-10 Zeilen. Der BDI ruft ferner die EG-Mitgliedsstaaten auf, den Handelspartnern der Gemeinschaft gegenüber überzeugend zu verdeutlichen, daß eine Errichtung der „Festung Europa“ nicht angestrebt wird. Denn nicht nur die deutsche Industrie, die 47% ihrer Exporte und 45% ihrer Importe außerhalb der EG abwickelt, sondern alle großen EG-Länder sind gleichermaßen am Weltmarkt, wie am EG-Binnenmarkt orientiert. Es ist zu schön, um wahr zu sein.

Abschließend möchte ich sagen: Es ist sicherlich nicht leicht, eine gleichberechtigte Partnerschaft einzuleiten zwischen einer Wirtschaftssupermacht von 320 Millionen Menschen und einer heterogenen Gruppe von Staaten, die über 3 Kontinente verteilt sind und 3,8 Milliarden Menschen beherbergen. Dennoch ist es für das Zusammenleben und -überleben der Menschheit unabdingbar, daß der David, der eigentlich ein Goliath ist, und der Goliath, der in Wirklichkeit einem David ähnelt, im Geiste einer echten Interdependenz zusammenarbeiten. Im Hinblick auf den großen Binnenmarkt 1992 sollte das Miteinander zum Leitmotiv werden. Nicht kurzfristige provinzielle Interessen sollten bestimmend sein, sondern Interessen, die von Einsicht und Weitsicht gekennzeichnet sind und auf globale Abhängigkeiten Rücksicht nehmen.

Aus der Diskussion

Auf die Frage von *Perygrin Warneke*, ob so gravierende Wirtschaftsreformen, wie in der Sowjetunion geplant, nicht von einem Währungsschnitt begleitet werden müßten — wie z. B. bei uns im Jahre 1948 — antwortet *Vladimir Shenaev:*

"Ich habe schon gesagt, daß die Erfahrungen im Westen für uns eine sehr große Rolle spielen. Wir studieren, was hier in Westeuropa und in der Bundesrepublik nach dem Zweiten Weltkrieg lief. Ich habe auch schon gesagt, daß unsere Wirtschaftsreform viele Maßnahmen vorsieht, hauptsächlich auf dem Gebiet der Marktbedingungen.

Wenn es uns gelingt, Marktbedingungen zu schaffen, dann können wir auch eine Geldreform durchführen. Zuerst müssen wir zu einem einheitlichen Rubel-Kurs kommen. Wir haben keinen einheitlichen Kurs. Es gibt viele Koeffizienten. Wenn Unternehmen ihre Produkte in das Ausland verkaufen, dann bekommen sie nicht eine kompatible Währung, sondern Rubel, aber mit verschiedenen Koeffizienten. Wir machen Versuche z. B. mit Optionen: Unternehmen, welche konvertible Währung bekommen, können sie an andere Unternehmen verkaufen."

Auf eine Zusatzfrage nach der Bedeutung der Konvertibilität von Währungen für Integrationsprozesse ergänzt *Vladimir Shenaev:*

„Vielen Dank für die interessante Frage. Wir werden die Konvertibilität anstreben. Er gibt bei uns viele Leute, die meinen, daß wir schon damit begonnen haben. Ich bin anderer Meinung. Ich bin für Konvertibilität, aber für eine realistische Perspektive. Wir brauchen viele Etappen, und wir haben aus den Erfahrungen bei Ihnen gelernt. In Bretton Woods, im Jahre 1944, wurden bereits Forderungen nach Konvertibilität in Westeuropa erhoben. Aber es dauerte 15 Jahre, bis Sie die Konvertibilität erreicht hatten. So wird es bei uns auch sein.

Konvertibilität bedeutet für mich:

1. Konvertibilität der Geldeinheit in Waren, was wir leider bisher nicht haben, weil unsere Geldeinheit kein Äquivalent für Waren ist. Die Forderungen nach Konvertibilität von Geldeinheit in Ware bedeutet: Wir brauchen den Markt! Erst wenn wir das erreichen werden, kommen wir zum zweiten Schritt:
2. Konvertibilität Währung in Währung. Konvertibilität Währung in Währung ohne Konvertibilität Geldeinheit in Ware ist unrealistisch. Das verstehen wir.

So war es auch bei der Integration in Westeuropa, und so wird es auch bei uns sein.

3. Konvertibilität Währung in Währung nicht nur im sozialistischen Raum, sondern Konvertibilität unserer Währungen auch in andere Währungen, z. B. Westeuropas.

Wir glauben, daß eine Zentralbank und eine einheitliche Währung immer helfen. Nehmen Sie z. B. die Bundesrepublik. In der Bundesrepublik existieren große Konzerne, mittlere und kleine Unternehmen. Es gibt sozialdemokratische Vorstellungen und Modelle und christdemokratische. Es gibt hier Reiche und Arme. Aber es gibt *eine* Währung und *eine* Bundesbank. Jetzt gehen wir weiter, in einen Raum in Westeuropa und dann in Europa. Obwohl die verschiedenen Systeme und verschiedene Unternehmen existieren, braucht der Markt die einheitliche Währung. Daß wir das jetzt noch nicht haben, spielt schon eine Rolle. Aber Konvertibilität werden wir haben, und wenn es uns in diesem Jahrhundert gelingt, ist es gut, wenn nicht — dann im nächsten Jahrhundert.

Das Ziel ist ein einheitlicher Markt in Europa, und das bedeutet eine einheitliche Währung und eine Zentralbank. Vielleicht werden wir Mitglied der Internationalen Zahlungsbank in Basel. Ich glaube, es ist nötig. Kurzum: Ich bin für Konvertibilität, aber wir müssen realistisch bleiben und wir müssen noch sehr viel tun, um die Voraussetzungen zu schaffen".

Auf die Frage aus dem Auditorium, ob Lome IV (knapp 20 Milliarden DM für 66 Länder in 5 Jahren) wesentlich über Lome III hinausgeht, antwortet *Ramesh Jaura:*

„Was Lomè angeht, wissen Sie ja genau wie ich, daß hier das Problem einfach darin liegt, daß man noch weit davon entfernt ist, mit den Vertretern dieser 66 Staaten gleichberechtigt zu verhandeln. Man kann natürlich die Frage stellen: Warum soll einer, der Geld hat und der die Macht hat, mit 66 Vertretern, die im Grunde genommen impotent sind, was wirtschaftliche Macht angeht, überhaupt gleichberechtigt umgehen?

Dieter Frisch, den ich schon einige Male zitiert habe, gehört zu den Menschen, die eigentlich als „Pro-Dritte-Welt-Lobby" zu bezeichnen sind. Aber er hat vor wenigen Tagen in Bonn vor Journalisten gesagt, daß es ihm und den Verhandlern aus der EG auf die Nerven geht, wenn die Vertreter der 66 Staaten bei jeder Verhandlung von vorne wieder anfangen über Dinge zu sprechen, die eigentlich längst als erledigt betrachtet werden sollten. Wenn diese Haltung von jemandem kommt, der als Verfechter der Vernunft und Verfechter der Belange der Dritten Welt innerhalb der EG zählt, wie muß es dann erst bei den anderen sein? Wäre dies ein Argument, dann wäre man in den Abrüstungsverhandlungen z. B. überhaupt nicht weitergekommen. In Anbetracht dessen bin ich sehr skeptisch, daß Lomè IV nach seinem Geist etwas wesentlich anderes sein wird als die bisherigen Lomè-Abkommen.

In den letzten Tagen fällt immer wieder das Wort „Gemeinsames Europäisches Haus". Warum denn, bitte schön, gemeinsames *Europäisches* Haus? Warum denn nicht gemeinsames *Welt*-Haus? Kann Europa überhaupt losgelöst von der gesamten Welt leben?"

Vladimir Shenaev: „Ich hatte schon gesagt, daß Integration nur *eine* Art der Internationalisierungsprozesse ist. Internationalisierungsprozesse laufen auf Mikro- und Makroebene und auf verschiedenen Ebenen, z. B. auf zwischenstaatlicher und regionaler. Und hier sehen wir Möglichkeiten für ein gemeinsames Europäisches Haus. Aber wenn gleichzeitig die Prozesse in der Welt so sind, daß wir auch über ein planetarisches Haus sprechen könnten, dann tun wir das. Doch zugleich müssen wir unsere nationale, selbständige Politik durchführen, dann bilaterale Beziehungen (das schließt den Internationalisierungsprozeß nicht aus), dann Integrationsprozesse auf regionaler Ebene. Dann können wir das planetarische Haus bauen. Bei diesem Bau des planetarischen Hauses werden alle Länder teilnehmen und müssen dabei gleichberechtigt sein. Dabei spielt natürlich die UNO eine große Rolle. Und auch die Organisationen, welche die UNO hat, müssen eine viel größere Rolle spielen: die Weltbank, der Internationale Währungsfonds usw. usf.

Die Programme, die diese Institute für die Entwicklungsländer ausgearbeitet haben, halte ich allerdings nicht für richtig. Denn diese Programme gehen in ihren Vorstellungen von der Entwicklung in den hochentwickelten Ländern aus. Entwicklungsländer haben nicht immer die Infrastruktur für diese Programme. Darum haben diese Programme so große Schwierigkeiten in der Dritten Welt. Aber die Forderungen bei neuen Krediten lauten immer: Machen Sie alles so, wie bei uns. Man muß der Dritten Welt mehr Selbständigkeit geben, damit sie *selbst* ihre Programme ausarbeiten könnte. Wir können ihnen nur dabei helfen. Nur so können wir an unserem planetarischen Haus bauen. Natürlich wird dieses planetarische Haus erst im nächsten Jahrhundert erstellt sein. Es ist aber sehr wichtig, daß wir — neben anderen Häusern — auch ein planetarisches Haus bauen."

Reinhard Rack: „Ich möchte eine Bemerkung von Vladimir Shenaev ins rechte Licht rücken; denn wir sollten keine Mißverständnisse aufkommen lassen im Rahmen dieser Diskussion: Es ist sehr viel möglich auf der Schiene der EFTA, nur eines ist nicht möglich auf dieser bilateralen oder multilateralen Schiene — wie immer wir das bezeichnen wollen — nämlich: Teilzuhaben an der Dynamik der EG. Und das deswegen, weil weder die EFTA noch der RGW eine eigene Organisation haben, die in der Lage sind, anstelle der Staaten zu handeln, deren Aktionsebenen gewissermaßen zu übernehmen und in das Gespräch mit der EG einzubringen. Das ist das, was die Österreicher — und nicht nur die Österreicher, sondern alle EFTA-Staaten — erkannt haben in diesen letzten 5 Jahren des sehr konkreten Dialogs mit der Gemeinschaft: Daß es in der Vergangenheit möglich war und auch in der Zukunft möglich sein wird, punktuell Vereinbarungen abzuschließen über alles mögliche, was — wie zitiert — im „gemeinsamen

Interesse" liegt, daß das aber immer nur ein punktuelles Nachlaufen wird sein können; und daß etwas *nie* möglich sein wird auf diesem Weg: nämlich die Teilhabe an der Eigendynamik der Gemeinschaft. Und darum geht es.

Vor diesem Hintergrund möchte ich noch einmal in Erinnerung rufen, was ich mit diesem System der konzentrischen Kreise anzusprechen versucht habe. Das wäre eine Organisationsform und eine Organisationsebene, bei der es möglich ist, automatisch mitzutun überall dort, wo nicht konkrete Gründe dagegen sprechen. Das ist aber genau das umgekehrte Modell zum punktuellen Modell. Das punktuelle Modell bedeutet: Das mittun zu können, wofür es einen Konsens gibt. Das sind einfach zwei verschiedene Denkschemata. Das muß man sehen."

Klaus Adomeit: „Die EG ist nun mal als ein Markt mit freiem Wettbewerb und freien Investitionen für die Unternehmer eine außerordentlich kapitalistische Veranstaltung. Das ist ganz neutral gesagt, ohne daß damit eine Abwertung erfolgen soll. „Kapitalismus" soll nur eine genaue Bezeichnung dessen sein, worum es geht. Mir ist nicht klar, wie dies mit der Wirtschaftsphilosophie sozialistischer Staaten in Einklang gebracht werden kann. Herr Shenaev hat gesagt: Wir wollen mehr Markt, wir wollen mehr Entscheidungsfreiheit für *unsere* Unternehmen. Was heißt hier Unternehmen? Die Vorstellung, daß jemand in der Sowjetunion ein Grundstück kauft und darauf eine Fabrik errichtet, diese Vorstellung kommt mir eher phantastisch vor.

Staatspräsident Michail Gorbatschow hat gestern bei Hoesch vor deutschen Arbeitern gesagt: „Wir bleiben beim Sozialismus". Und er hat dafür viel Beifall bekommen. Wenn aber freier Markt und Freiheit für unternehmerische Investitions- und Produktionsentscheidungen Sozialismus ist, dann scheint mir „Sozialismus" eine sehr auslegungsfähige Formel zu sein, in der nahezu alles unterzubringen ist. Wenn Sozialismus dagegen Festhalten an der Staatswirtschaft bedeutet, dann kann man vielleicht miteinander Joint-Ventures machen, Handel treiben usw., aber man kann keinen gemeinsamen Markt im Sinne des geplanten europäischen Binnenmarktes schaffen."

Vladimir Shenaev: „Die Frage von Klaus Adomeit betrifft Theorie und Praxis. Ich sehe ein Paradoxon: Unsere Theorie — wir nennen das marxistische Theorie — wurde unter kapitalistischen Bedingungen ausgearbeitet. Marx hat sehr viel über Gesetzmäßigkeiten in seiner Theorie geschrieben, aber diese Gesetzmäßigkeiten waren Gesetzmäßigkeiten des Kapitalismus. Ich glaube, Marx hat eine sehr gute Hilfe für den Kapitalismus geleistet mit seiner Idee von Gesetzmäßigkeiten in seiner Entwicklung. Wir haben den Fehler gemacht, zu meinen, diese sehr interessanten Ideen von Marx über den Produktionsprozeß, über den Markt, über das Geld, über Kredit und Finanzen gelten nur für den Kapitalismus. Das war ein Fehler in unserer Theorie und auch in unserer Praxis. Wir haben viele Stufen, welche wir gebraucht hätten in unserer Entwicklung, ausgelassen. Dieser Sprung war unser Fehler.

Nehmen Sie das Verhältnis von Plan und Markt: Vor ungefähr 20 Jahren habe ich hier in der BRD viele Gespräche geführt. Es gab die Meinung, hier in der BRD existiere nur freie Marktwirtschaft, und man brauche keinen Plan. Ich habe immer diese Frage gestellt: Haben Sie keinen Plan? — Nein, wir haben keinen Plan. — Sagen Sie mir bitte: Wie ist der Auftragsstand für ihre Produkte, wie liegen Ihre Absatzzahlen? — Man sagte mir: Wir erreichen fast 100%. Ich habe geantwortet: Mein lieber Freund, Sie haben einen Plan. Wenn Ihr Unternehmen 80% Aufträge hat, dann haben Sie schon Planmäßigkeit in Ihrer Wirklichkeit, in Ihrer Tätigkeit. Aber Sie bemerken das nicht und nennen nur den Markt.

Dagegen haben wir in unserer Theorie immer gemeint, daß sozialistische Verhältnisse unter kapitalistischen Bedingungen unmöglich wären. Und das war unser Fehler. Wir haben erkannt, daß sehr viele Vergesellschaftungsprozesse und sozialistische Produktionsverhältnisse sich im Kapitalismus entwickelt haben — auf Mikroniveau und sogar auf dem Makroniveau. Es gibt bei Ihnen sogenannte staatliche Regulierungsmaßnahmen. Das ist schon ein Stück Planwirtschaft. Sie haben nicht *nur* die Marktwirtschaft. Sie haben Marktwirtschaft, aber Planmäßigkeit und einen Plan haben Sie auch.

Bei uns war man gegen die Marktbedingungen. Man meinte, daß man mit zentralistischen bürokratischen Leitungsmethoden unsere Wirtschaft verbessern könne. Das war falsch, und wir korrigieren das. Wir brauchen auch einen Markt und Marktbedingungen, aber im Rahmen der Planwirtschaft. Wir leugnen nicht die Planmäßigkeit. Diese Planentwicklung ist eine objektive Realität für die ganze Wirtschaft, für die ganze Welt. Wir nähern uns hier einander an.

Wenn dann jemand sagt, wir seien Anhänger der Konvergenztheorie, frage ich: Was verstehen Sie unter Konvergenztheorie? Wenn Sie unter Konvergenztheorie verstehen, daß wir das kapitalistische System einführen, sind wir dagegen. Aber als Annäherung zwischen den Systemen — sind wir dafür. Wenn wir etwas vom Kapitalismus übernehmen, ist das zwar etwas fremd für uns. Wenn wir Methoden übernehmen, die für uns auch gut sind, ist das nicht kapitalistisch. Das ist objektiv, gesetzmäßig für den Kapitalismus und für uns. Sehen Sie den Unterschied: Wir übernehmen nicht kapitalistische Methoden; wir nehmen die Methoden an, die gleichzeitig sehr nützlich sind für Kapitalismus und für uns.

Die Eigentumsfrage haben Sie erwähnt. Als wir alles zentralisiert hatten und nur staatliches Eigentum kannten, hat das für uns große Schwierigkeiten gebracht. Jetzt haben wir viele Arten von Eigentum: Das staatliche Eigentum bleibt: Kolchosen, Sowchosen auch, aber auch individuelles Privateigentum. Wir probieren alle diese Arten von Eigentum aus. Und wir werden sehen, was sich bewährt.

Wir haben in unserer Theorie Fehler gemacht, die müssen wir jetzt korrigieren. Wir kämpfen um neue Bedingungen im Sozialismus. Wir haben bisher für diese Situation in Wirklichkeit noch keine sozialistischen Prinzipien. Aber wir werden sie bekommen und diese Prinzipien sind besser als die kapitalistischen. Und der Kapitalismus wird auch nicht stillstehen. Er wird sich auch entwickeln. Auch er wird Vergesellschaftungsprozesse und Planung stärker einführen. So ist die Konvergenz in Zukunft, daß die Bedingungen sich annähern."

Auf eine Frage aus dem Teilnehmerkreis, ob für die EFTA-Staaten ein EG-Beitritt überhaupt attraktiv ist, ob nicht die EFTA eigentlich die „bessere" EG ist und ob man sich nicht stärker an der Idee eines gemeinsamen europäischen Hauses orientieren sollte, antwortet *Reinhard Rack:*

"In Österreich hört man im Rahmen der Diskussion sicher auch immer wieder solche Argumente, wie Sie sie überspitzt hier vorgetragen haben. Nur glaube ich, muß man vernünftig genug sein, zu sehen, daß sehr vieles von dem, was da formuliert wird, nicht nur überspitzt, sondern auch reichlich unrealistisch ist. Es mag schon sein, daß z.Z. die Wirtschaftsdaten der EFTA-Staaten exzellent sind. Das hat aber damit zu tun, daß zunächst einmal unsere infrastrukturelle Situation gut ist — im Vergleich zum EG-Durchschnitt, weil der EG-Durchschnitt sich durch die neuen Mitgliedsländer verändert hat. Es hat auch damit zu tun, daß es bisher mit der Gemeinschaft einfacher war, bestimmte Dinge noch zu erreichen, daß das aber in Zukunft deutlich schwieriger sein wird.

Was Herr Jaura hier im Hinblick auf die Staaten der Dritten Welt gesagt hat, trifft eben auch — und das ist ja das Bedauerliche — für den innereuropäischen Handel zu. Deshalb müssen wir uns leiten lassen von einer sehr realistischen Sicht der Dinge, die möglich sind, und einer sehr realistischen Sicht der Befürchtungen. Die Befürchtungen gehen in die Richtung, daß der Handel mit der Gemeinschaft in Zukunft sicher nicht einfacher werden wird, eher schwieriger. Die Befürchtungen haben sich schon bestätigt, daß nämlich das, was mit der Gemeinschaft an vermittelnden Abkommen organisierbar und erreichbar ist, eher problematisch ist. Ich erinnere daran, daß die EFTA-Staaten und die EG-Staaten jahrelang verhandelt haben um das sogenannte Einheitliche Dokument (Single administrative document), das allen Vorgaben zufolge den Warenaustausch mit Ursprungszertifikaten hätte erleichtern sollen. Faktum ist, (und Sie können jeden Importeur oder Exporteur fragen), daß alle über dieses verdammte Dokument fluchen. So gesehen hat sich die viel beschworene enge Zusammenarbeit zwischen EFTA und EG — in konkreten Fällen zumindest — eher als problematisch erwiesen.

Zur Vision des gemeinsamen Europäischen Hauses: Ich glaube, wir wären alle froh, wie auch andere in Europa, wenn dieses gemeinsame Europäische Haus ein gemeinsames und ein schönes werden würde. Nur ist diese Vision so, daß es vermutlich nicht sehr vernünftig ist, die Politik eines Staates, die Politik eines ganzen Raums für die nächsten 5-10 Jahre (und um die geht es ja), darauf auszurichten. Das wird, wenn überhaupt, eine Politik der langen Jahre sein. Es hat ja auch Herr Shenaev darauf hingewiesen, daß das, was hier als Vision in den

Raum gestellt worden ist, vermutlich reichen wird, um das 21. Jahrhundert mit Zielsetzungen voll abzudecken."

Auf eine Frage von *Walter Böhm*, ob das jetzige System in den sozialistischen Ländern nach seiner Meinung wirklich Sozialismus sein, antwortet *Vladimir Shenaev:* „Wir sind sozialistische Länder, weil wir das Ziel haben, den Sozialismus aufzubauen. Darum nennen wir uns sozialistische Länder. Wir können nicht behaupten bei unserer niedrigen Produktivität, bei unserem niedrigen Wohlstand, bei der mangelhaften Konkurrenzfähigkeit auf dem Weltmarkt — wir hätten schon den Sozialismus. Wenn ich das so sage, kommt natürlich sofort die Frage: Brauchen wir dann überhaupt einen solchen Sozialismus?

Wir haben neue Vorstellungen nicht nur auf der wirtschaftlichen Ebene, sondern auch auf demokratischer Ebene. Demokratie ist nicht nur Glasnost, Demokratie ist mehr. Wir haben noch nicht viele demokratische Prinzipien in unserem Land auf allen Ebenen. Aber im Prinzip unterscheidet sich der Sozialismus vom Kapitalismus durch mehr demokratische Prinzipien, mehr Gerechtigkeit, mehr soziale Gerechtigkeit, mehr Wohlstand. Ich kann nicht sagen, daß wir schon den Sozialismus bei uns haben. Ich kann nur sagen: Ich glaube, daß Sozialismus als System viel besser ist als Kapitalismus. Aber niemand hat ihn bisher. Wir müssen das noch erreichen."

Peter Kühne: „Auch in Westeuropa gibt es nicht nur „lupenreinen" Kapitalismus. Vor allem aufgrund einer lebendigen marxistischen Tradition gibt es in westeuropäischen Ländern staatliche Verantwortung und staatliche Interventionen mit dem Ziel, Wildwüchse der Marktideologie sozial zu beschneiden. Die Frage ist, ob nach der großen Krise in Westeuropa 1974/75 die Idee vom gemeinsamen Europäischen Haus uns im Westen wieder lernfähig machen könnte, um endlich auch im sozialen Bereich ein Stück voranzukommen."

Vladimir Shenaev: „Es freut mich, daß Sie die Idee des gemeinsamen Europäischen Hauses so verstehen. Es ist sehr wichtig, was Sie gesagt haben. Wir bauen noch ein Haus in Europa, wo natürlich verschiedene Systeme zunächst bleiben — das ist klar. Aber wir bemühen uns, bessere Kontakte herzustellen. Wir werden uns unterscheiden gemäß den Prinzipien unserer Systeme, z.B. bei Verteilung und Umverteilung. Aber zwischenstaatliche Beziehungen müssen sich ohne Ideologie, ohne Klassenkampf entwickeln — nach den Gesetzmäßigkeiten solcher Prozesse, welche keinen Systemcharakter haben. Das ist auch unsere Idee."

Ramesh Jaura: „Ohne jede Häme gesagt: Nach den Ausführungen von Dr. Shenaev könnte man meinen, als ob alles, was bis jetzt in der Sowjetunion war, gar kein Marxismus war. Das war irgendeine historische Phase, und jetzt fängt man an, den eigentlichen Marxismus aufzubauen. Wann hat eigentlich dieses neue Denken, dieses Umdenken, diese Selbstkritik innerhalb der Gemeinschaft der Wissenschaftler angefangen? Kommt der Anstoß von oben, von Gorbatschow? Oder gab es schon vorher Stimmen der Kritik, die gefragt haben: Wo ist der Arbeiter- und Bauernstaat? Wem gehört der Staat?“

Vladimir Shenaev: „Der Marxismus selbst ist neues politisches Denken. Bei Marx gab es zum ersten Mal ein völlig neues politisches Denken, eine neue Weltanschauung. Später, bei Lenin, gab es auch ein neues politisches Denken. Denn es gab ganz andere Bedingungen. Das führte zu neuen Ideen über die sozialistische Revolution.

Dann kam der Personenkult. Das war eine Katastrophe, weil das mit Marxismus nichts zu tun hatte. Marxismus ist das beste in der Theorie und in der Politik, was die Menschheit hat. Aber die Ideen von Marx können nicht verwirklicht werden bei Personenkult. Das neue politische Denken, das jetzt mit dem Namen Gorbatschow verbunden ist, das ist eine neue Etappe.

Wir brauchen mehr Demokratie auf allen Ebenen — nicht nur Glasnost. Glasnost ist gut, wunderbar. Aber es reicht noch nicht. Darum brauchen wir eine politische Reform, eine politische Reform, welche mit Machtfragen eng verbunden ist: Welche Macht für wen? Früher war unser Arbeiter von den Produktionsmitteln entfremdet. Unser Bauer war vom Landstück entfremdet. Er hatte gar kein Eigentum, obwohl gesagt wurde, das Eigentum gehört dem Volk. Nein! Das Volk hatte kein Eigentum. Wenn wir das ändern, wird der Demokratisierungsprozeß bei uns in Gang kommen und wir werden unsere Probleme lösen, aber mit sozialistischen Prinzipien. Früher gab es gar keinen Sozialismus in diesem Sinne; denn die Arbeiterklasse war entmachtet. Was war das für ein Sozialismus? Wem gehörte die Macht?“

Ramesh Jaura: „Aber in eben dieser nach Dr. Shenaev „verlorenen Zeit“ seit dem Tode Lenins, unter dem Personenkult, ist die Sowjetunion Welt- und Supermacht geworden und ist bei der Entkolonialisierung Afrikas, Asiens als der natürliche Verbündete der Dritten Welt betrachtet worden. Man hatte viel Hoffnung darauf gesetzt, daß die Sowjetunion nach ihrem Selbstverständnis der Dritten Welt beiseite stehen wird. Aber es hat sich erwiesen, daß politisch-moralische Unterstützung allein nicht ausreicht, daß die wirtschaftlich-technologische Unterstützung hinzukommen muß. Nach vielen Jahren und Jahrzehnten sehen wir heute ganz deutlich und ungeschminkt, daß die Sowjetunion selbst in vielen Bereichen ein Entwicklungsland ist, das auf die Unterstützung der kapitalistischen Länder, der westlichen Industrieländer angewiesen ist.

Im Augenblick sind wir in der Situation, daß es die bipolare und tripolare Welt heute nicht mehr gibt. Sie ist aber auch nicht durch eine wirklich multipolare Welt ersetzt worden. Weil die Länder der Dritten Welt nicht aus eigener Kraft in der Lage sind, sich solidarisieren zu können, brauchen sie eben eine von den großen Supermächten, die ihnen zur Seite steht, ohne daß sie dabei ihre Souveränität, ihre Unabhängigkeit verlieren. Das war der Gedanke hinter der Blockfreien-Bewegung, die von vornherein von der Sowjetunion unterstützt wurde. Es ist wichtig, daß der Prozeß der Erneuerung innerhalb der Sowjetunion zum Erfolg führt. Nur dann ist die Sowjetunion ein gleichberechtigter Partner gegenüber den Amerikanern und gegenüber den Europäern, auch was die wirtschaftliche und technologische Macht anbetrifft, und nicht nur, was die Rüstung anbetrifft."

Harald Wolf: „Wenn man ehrlich ist, muß man zugeben, daß nur die Industrie ein dauerhaftes Interesse an der Dritten Welt zeigt; denn sie will dort Geld verdienen. Wann interessiert sich der normale Westeuropäer für Afrika, Asien, Lateinamerika? Wenn er eine Urlaubsreise dahin plant oder wenn im Fernsehen über Naturkatastrophen und Hungersnöte berichtet wird. Vielleicht spendet er dann sogar und hat ein gutes Gewissen. Sicherlich: Es gibt sehr rührige und engagierte Dritte-Welt-Gruppen. Aber das sind doch keine Machtfaktoren im globalen politischen Spiel.

Die Staaten der Dritten Welt müssen sich schon selbst aus ihrer Abhängigkeit von den Industrienationen befreien. Und dazu meine Frage: Warum treten die Länder der Dritten Welt in den Verhandlungen nicht selbstbewußter auf? Es sind doch viele Länder mit Natur- und Bodenschätzen darunter? Warum setzen sie die Industrienationen nicht — nach dem Vorbild des OPEC-Ölboykotts — mit einem generellen Rohstoff-Boykott unter Druck?"

Ramesh Jaura: „Auch ich habe mir die Frage oft gestellt, warum die offiziellen Vertreter der Dritten Welt nicht mit einer gewissen Souveränität verhandeln können. Warum einigen sie sich nicht auf Boykottmaßnahmen oder ähnliches und sagen: Jetzt werden die Verhandlungen eingestellt, bis es sich die Industrieländer anders überlegt haben?

Aber das ist ja gerade der Kern der Problematik in den Nord/Süd-Beziehungen, daß der Teil der Welt, in dem der größte Teil der Menschheit lebt, unter dem Diktat der Industrienationen steht und keine Möglichkeit sieht, aus diesem Teufelskreis herauszukommen. Es sind nämlich internationale Verflechtungen entstanden, eine über die Grenzen hinausgehende unheilige Allianz von Industrie- und anderen Machteliten. Diese unheilige Allianz wird sogar noch verstärkt durch die objektiven Umstände, die nach wie vor in dieser Welt herrschen. Entwicklungs- und Industrieländer stehen sich nicht ebenbürtig gegenüber. Es gibt kein Marktgleichgewicht. Die Nachfrage nach Industriegütern, Technik, know how ist größer als die nach Rohstoffen. Darum sind Industriegüter teuer und Rohstoffe billig. Da können die Entwicklungsländer keine Bedingungen stellen.

Was ist z.B. aus dem großen OPEC-Ölkartell geworden? Man findet sehr schnell Ersatzstoffe, wenn es andere Rohstoffe gibt, die die Entwicklungsländer verkaufen müssen, um Devisen einzunehmen. Was würde denn passieren, wenn die Entwicklungsländer eine Art Block bilden und sagen, die Industrieländer möchten die Umweltverträglichkeit ihres Projektes erst einmal nachweisen, bevor Entwicklungshilfe akzeptiert wird? Werden dann die Industrieländer nicht sagen: Dann gibt es eben dieses Projekt nicht! Sogar Brasilien hat einen Rückzieher gemacht, hat ihn machen müssen, weil es eben Geld braucht.

Es ist die Schuldfrage bei der Schuldenfrage gestellt worden. Die „Schuld" haben hier natürlich in erster Linie die Vertreter des Südens. Denn sie haben sich in eine Situation hineinmanövrieren lassen, aus der sie nicht mehr herauskönnen. Damit sind sie erpreßbar geworden: Ob das nun die Drogenmafia ist, oder die Waffenhändler, oder ganz harmlose menschliche Bedürfnisse, wie den eigenen Sohn nach London oder Washington zu schicken oder in Bonn studieren zu lassen. Das sind alles Erpressungsmöglichkeiten, denen man sich ausgesetzt hat. Darin liegt die Kernproblematik, weshalb die Länder des Südens sich nicht gemeinsam solidarisieren können, um gegenüber dem Norden als „Block", als eine solidarische Gruppe aufzutreten.

Abschließend möchte ich dem Veranstalter danken, daß er bei der Planung einer Tagung über die EG und den Binnenmarkt auch an die Dritte Welt gedacht hat. Denn normalerweise tendiert man dazu, sich auf die eigenen Dinge zu konzentrieren. Die Dritte Welt ist weit weg, schon wenn man die Entfernungen sieht. Schön ist es, als Tourist fremde Länder zu besuchen und schöne Bilder zu machen. Aber alles andere, was einen erschreckt, muß man verdrängen. Das ist sehr menschlich, dagegen kann man nichts tun — außer: nicht zu vergessen, daß es auch noch andere Teile der Welt gibt; daß es dort Probleme gibt und daß die Welt heutzutage zusammengeschrumpft ist, daß man nicht mehr sagen kann, was in Timbuktu passiert, das geht mich nichts an, und was in Caracas geschieht, das geht mich auch nichts an. Es geht doch uns alle an. Ob es die Frage von Aids ist, oder ob es die Frage der Umwelt ist — beides zeigt, daß die Welt sehr klein ist. Sie ist kleiner als wir denken."

Vladimir Shenaev: „Über das gemeinsame Europäische Haus habe ich schon gesprochen. Ich habe auch über ein planetarisches Haus gesprochen. Aber es gibt noch die Häuser, in denen wir wohnen: die Staaten. Die bleiben."

Reinhard Rack: „Ich kann mich bei meiner Schlußbemerkung sehr kurz fassen. Es hat keine, jedenfalls keine verhementen Widersprüche dagegen gegeben, daß die EFTA-Staaten ihr erstes Haus in der EG sehen wollen. Es sollte auch Möglichkeiten geben, dieses so einzurichten".

Schlußwort

Auch diese Tagung wird — wie viele vor und nach ihr — die Welt nicht verändern. Aber Tagungen, der freie Austausch von Meinungen und Gegenmeinungen, sind unverzichtbare Voraussetzung dafür, daß sich etwas ändert. Zumal ein dreitägiger Kongreß gibt die Möglichkeit, in der Flut der Ereignisse einmal innezuhalten, zurückzugucken, um dann nach vorne zu blicken. Denn ohne Rücksicht auf das, was war, ohne Aufarbeitung der Geschichte gibt es keine solide Standortbestimmung. Ohne abgesicherte Position können keine Perspektiven für die Zukunft entwickelt werden.

Aus Sicht des Veranstalters verdienen drei Erkenntnisse, abschließend festgehalten zu werden:

1. Das *wirtschaftliche* Europa entsteht — sozusagen automatisch — mit dem Binnenmarkt. Wenn der gemeinsame Binnenmarkt dazu führt, daß Dienstleistungen und Waren günstiger und besser werden, dann ist dagegen nichts zu sagen. Und wenn statt der erhofften 5 Millionen am Ende auch nur 2 oder 3 Millionen Europäer in Beschäftigung stehen, die ohne Binnenmarkt beschäftigungslos wären, dann ist auch dies ein begrüßenswerter Erfolg.

2. Das *soziale* Europa hingegen wird nicht mit der gleichen — um ein Wort des sowjetischen Referenten aufzugreifen — objektiven Gesetzmäßigkeit kommen, mit welcher die Dynamik eines Marktes Realitäten schafft. Sozialer Fortschritt ist immer erkämpft worden, und sozialer Fortschritt wird auch künftig nur durch politischen Kampf zu erreichen sein. Der EG-Ministerrat und die Kommission sinnieren über feierliche Erklärungen. Wer ein Schlußwort zu formulieren hat, hat nichts gegen Feierlichkeiten — nur hat Ernst Breit mit Recht darauf hingewiesen, daß man sich dafür nichts kaufen kann. Deshalb muß das Europäische Parlament die Verabschiedung einer Europäischen Sozialcharta mit einklagbaren Rechten zu seiner Sache machen. Wenn es dem Europäischen Parlament zusammen mit der Kommission gelungen ist, einem völlig zerstrittenen Ministerrat die Einführung der Kat-Pflicht für Kleinwagen abzutrotzen, so gibt dies Mut für die nicht minder wichtige Forderung nach einem Sozialraum Europa. Dafür braucht das Parlament ein eindeutiges Mandat durch die Wähler.

3. Wer bei „Europa“ nur an den Binnenmarkt und die “Gemeinschaft der 12“ denkt, unterschlägt, daß Europa mehr als ein Markt und auch mehr als jenes Kleineuropa der zwölf EG-Länder ist. Daß zu gleicher Zeit in dieser Stadt Dortmund Präsident Michail Gorbatschow alle Europäer dazu einlädt, ein gemeinsames *Europäisches Haus* zu bauen, ist natürlich ein Zufall, aber

vielleicht ein symbolträchtiger Zufall. Der „Fahrplan“ für Europa kann deswegen nur lauten: Wir sollten das eine — die politische Einigung Europas — voranbringen, ohne das andere — die Überwindung der Spaltung in Ost und West — zu lassen.

Aber wer über das gemeinsame Europäische Haus redet, kommt heute schon nicht mehr an der Frage vorbei, ob nicht die Schicksalsfragen unseres Planeten in Wahrheit ein globales Handeln erforderlich machen. Hervorragende Referenten haben unseren Blick dafür geschärft, daß die europäische Einigung wichtig ist, daß aber die Europäer nicht allein auf der Welt sind. Wenn wir die Aspekte der Globalität und Interdependenz beim Bau des Europäischen Hauses nicht von vornherein mit berücksichtigen, dann werden sie uns einholen. Und was man vorausbedenken kann, davon sollte man sich nicht einholen lassen.

Wissenschaft ist dazu da, diese Erkenntnisse zu gewinnen. Danach zu handeln ist Sache des Lebens.

Referenten, Diskussionsleiter und Berichterstatter der 20. Internationalen Tagung der Sozialakademie Dortmund

Adomeit, Klaus, Prof. Dr., Freie Universität, Berlin

Bechthold, Hartmut, Dr., Hans-Böckler-Stiftung, Leiter der Abteilung Mitbestimmungsförderung II, Düsseldorf

Böhm, Walter, Verantwortlicher Redakteur „Europäische Zeitung", Bonn

Böhm, Wolfgang, Prof. Dr., Sozialakademie Dortmund, Lehrstuhl für Arbeits- und Sozialrecht

Breit, Ernst, Präsident des Europäischen Gewerkschaftsbundes, ehem. Vorsitzender des Geschäftsführenden Bundesvorstandes des Deutschen Gewerkschaftsbundes, Düsseldorf / Brüssel

Brok, Elmar, Mitglied des Europäischen Parlaments, Bielefeld / Straßburg

Brunn, Anke, Ministerin für Wissenschaft und Forschung des Landes Nordrhein-Westfalen, Düsseldorf

Brusis, Ilse, Ministerin für Bauen und Wohnen des Landes Nordrhein-Westfalen, Düsseldorf

Gleichmann, Karl, Dr., Brüssel

Hahn, Carl H., Dr.,Vorsitzender des Vorstandes der Volkswagen AG, Vizepräsident des Bundesverbandes der Deutschen Industrie, Wolfsburg

Jaura, Ramesh, Journalist, Neu Delhi / Bonn

Köpke, Günter, Direktor des Europäischen Gewerkschaftsinstituts, Brüssel

Kühne, Peter, Prof. Dr., Sozialakademie Dortmund, Lehrstuhl für Soziologie

Lang, Klaus, Dr., Vorstand der IG Metall, Frankfurt

Lichtenberg, Hagen, Prof. Dr., Universität Bremen

Narjes, Karl-Heinz, Dr., Vizepräsident der Kommission der Europäischen Gemeinschaften a.D., Brüssel

Peters, Hans, MdEP, Vizepräsident des Europäischen Parlaments, Dortmund / Straßburg

Pornschlegel, Hans, Prof., Sozialakademie Dortmund, Lehrstuhl für Arbeitswissenschaft, Dortmund

Rack, Reinhard, Prof. Dr., Universität Graz

Schmitz, Klaus, Deutscher Gewerkschaftsbund — Bundesvorstand, Düsseldorf

Shenaev, Vladimir, Dr., Stv. Direktor des Europa-Instituts der Akademie der Wissenschaften der UdSSR, Moskau

Siebert, Burkhardt, Studienleiter Europa-Haus Marienberg

Spaenhoff, Willi, Bürgermeister der Stadt Dortmund

Vittinghoff, Kurt, MdEP, Umweltausschuß des Europäischen Parlaments, Bad Kreuznach / Straßburg

Warneke, Perygrin, Prof. Dr., Sozialakademie Dortmund, Lehrstuhl für Betriebswirtschaftslehre, Dortmund

Weiss, Carl, Journalist, München

Wieners, Klaus, Dr., Westdeutsche Landesbank, Zentralbereich Volkswirtschaft, Düsseldorf

FSC
www.fsc.org
MIX
Papier | Fördert
gute Waldnutzung
FSC® C083411

Kolibri 360 GmbH
Ferdinand-Jühlke-Straße 7
99095 Erfurt, Deutschland
produktsicherheit@kolibri360.de

Druck:
CPI Druckdienstleistungen GmbH
im Auftrag der
Kolibri 360 GmbH
Ferdinand-Jühlke-Str. 7
99095 Erfurt